中国文化的内涵

季羡林　著
蔡德贵　编

山东城市出版传媒集团·济南出版社

图书在版编目（CIP）数据

中国文化的内涵／季羡林著. —济南：济南出版
社，2023.1
（季羡林如是说）
ISBN 978 – 7 – 5488 – 5304 – 6

Ⅰ. ①中⋯ Ⅱ. ①季⋯ Ⅲ. ①中华文化—文集 Ⅳ.
①K203 – 53

中国版本图书馆 CIP 数据核字（2022）第 216641 号

出 版 人	田俊林	
出版统筹	胡长粤	
责任编辑	刘秋娜	
封面设计	胡大伟	
出版发行	山东城市出版传媒集团·济南出版社	
	（山东省济南市二环南路 1 号 250002）	
经　　销	各地新华书店	
印　　刷	山东临沂新华印刷物流集团有限责任公司	
编辑电话	0531 – 82774073	
发行电话	0531 – 67817923　86131701	
	86131728　86131704	
版　　次	2023 年 2 月第 1 版第 1 次印刷	
成品尺寸	145 mm × 210 mm　1/32	
印　　张	9.75	
字　　数	207 千	
定　　价	49.00 元	

一九八五年季
羡林（前排左四）
参加中国语言学会
第三届年会

一九八六年六月，季羡林在日本早稻田大学演讲

一九九六年季羡林在家中与蔡德贵谈学术

季羡林在对外交流会上

浣溪沙　苏东坡

遊蘄水清泉寺寺臨蘭
溪溪水西流

山下蘭芽短浸溪

松間沙路淨無泥蕭蕭

暮雨子規啼誰道人生

無再少門前流水尚能

西休將白髮唱黃雞

嶺安先生囑書
季羡林

季羡林墨宝

十年之計莫如樹木

百年之計莫如樹人

錄管子語

季羨林 一九九三年 一月

增强中华民族凝聚力
是建设社会主义的当
务之急

季羡林 一九九二年五月二十九日

季羡林墨宝

業精於勤荒於嬉
行成於思毀於隨

季羨林
一九八七年
八月

目 录

中国文化的内涵

《儒林外史》取材的来源

在所有的中国长篇小说里，除了《红楼梦》以外，我最喜欢的就是《儒林外史》。平常翻看杂书的时候，遇到与《儒林外史》有关的材料，就随时写下来。现在把笔记拿出来一看，居然已经写了很多。其中有许多条别的学者也注意过（参阅鲁迅《小说旧闻钞》，孔另境《中国小说史料》，蒋瑞藻《小说考证》）。但还有几条是以前任何学者没有注意到的，而这几条据我看对《儒林外史》取材来源的问题又可以给我们许多启示，所以我就在下面抄下来谈一谈。

尤侗《艮斋杂记》说：

> 箬庵官知府时，终日以围棋度曲自娱。长官讽言曰："闻君署中终日只闻棋声、笛声、曲声，是否？"袁曰："然。闻明公署中终日亦有三声。"长官问何声。袁曰："是算盘声、天秤声、板子声耳。"长官大恚，遂劾之落职。

褚人获《坚瓠集》十集卷一也记载了同一个故事：

又闻先生（袁籜庵）在武昌时，某巡道谓曰："闻贵府衙中有二声，棋子声、唱曲声。"先生对曰："老大人也有二声，天秤声、竹爿声。"某默然。未几先生遂挂弹章。

这两条笔记都记的是袁籜庵一个人的事，大概是根据的事实。

《儒林外史》第八回也有一个相同的故事：

前任臬司向家君说道："闻得贵府衙门里有三样声息。"王太守道："是哪三样？"蘧公子道："是吟诗声、下棋声、唱曲声。"王太守大笑道："却也有趣得紧。"蘧公子道："将来老先生一番振作，只怕要换三样声息。"王太守道："是哪三样？"蘧公子道："是戥子声、算盘声、板子声。"

这里有两个可能：蘧太守或者就是影射的袁籜庵，或者影射的另外一个人，而吴敬梓却把袁籜庵的故事借来用到他身上。

《随园诗话》卷四说：

古闺秀能诗者多，何至今而杳然？余宰江宁时，有松江女张氏二人，寓居尼庵，自言文敏公族也。姐名宛玉，嫁淮北程家，与夫不协，私行脱逃。山阳令行文关提。余点解时，宛玉堂上献诗云："玉湖

中国文化的内涵

深处素馨花，误入淮西估客家，得遇江州白司马，敢将幽怨诉琵琶。"余疑倩人作，女请面试。予指庭前枯树为题。女曰："明府既许婢子吟诗，诗人无跪礼；请假纸笔立吟可乎？"余许之。乃倚几疾书曰："独立空庭久，朝朝向太阳。何人能手植，移作后庭芳？"未几山阳冯令来，予问张氏女作何办。（予问："张女事作何办？"）曰："此事不应断离；然才女嫁俗商，不称。故释其背逃之罪，且放归矣。"问何以知其才。曰："渠献诗云：'泣诉神明宰，容奴返故乡。他时化蜀鸟，衔结到君旁。'"冯故四川人也。

这不完完全全就是《儒林外史》第四十回和第四十一回写的女诗人沈琼枝吗？

《酉阳杂俎》卷一说：

天宝末，交趾贡龙脑，如蝉蚕形。波斯言老龙脑树节方有。禁中呼为瑞龙脑。上唯赐贵妃十枚。香气彻十余步。上夏日尝与亲王棋，令贺怀智独弹琵琶，贵妃立于局前观之。上数子将输，贵妃放康国猧子于坐侧，猧子乃上局，局子乱，上大悦。时风吹贵妃领巾于贺怀智巾上，良久，回身方落。贺怀智归，觉满身香气非常，乃卸幞头贮于锦囊中。及上（二）皇复宫阙，追思贵妃不已，怀智乃进所贮幞头，具奏他日事。上皇发囊，泣曰："此瑞龙脑香也。"

《儒林外史》第五十三回也有一个类似的故事：

> 陈木南又要输了。聘娘手里抱了乌云覆雪的猫。
> 望上一扑，那棋就乱了。

这同杨贵妃的故事完全一样。我不相信，这是偶合。我觉得这是吴敬梓有意的借用。

以上一共举了三个例子。仅就这三个例子说，我觉得我们就应该把自来对《儒林外史》取材来源的看法修正一下了。一般人都以为《儒林外史》里的人物大都是实有其人，上元金和的《跋》就开了一个名单。以后别人也做过同样的推测。我不否认，书中人物有很多是影射的真人；但倘若说，人既然是真的，事情也就应该是真的，这就有了问题。张铁臂的故事完全抄自《桂苑丛谈》，这别的学者也已经指出来过。我们在上面第三个例子里又指出来聘娘的故事是抄袭的杨贵妃的故事。这只是两个例子，实际上《儒林外史》借用以前笔记或小说的地方绝不会就只是这两处。从这里我们可以看出来，吴敬梓并不真是想替这些儒林里的人物立传，他是在作小说，同别的小说家一样。在以前的小说或笔记里，只要看到有用的材料，他就搜集起来，写到他自己的书里。倘若读者真正相信这书里所写的都是实有其人，实有其事，听了金和的话到雍乾间诸家文集里去搜寻，那就会徒劳无功了。

1948 年 1 月 23 日

读马元材著《秦史纲要》

我自己对秦史可以说是毫无通解，听说马先生是研究秦史的专家，所以就把他的大著《秦史纲要》从图书馆里借出来，预备仔细读一读。但我还没读到正文，只读到他的自序的第二页，就读到下面的话：

> 抑予因之而有感矣！读书之道，真不易言。予治秦史，其最基本之根据，即为史记。史记者，乃幼而习之之书也。即以发心治秦史之年起计之，至今亦已十有二年。钻研于史记之中者，何止百千万遍。乃逾十年，至三十年秋，始识"禁不得祠"之"不得"，即为"浮屠"。又逾二年，至本年春（1944 年——羡林注），始识"羡门"即"沙门"，"安期"即"阿耆尼"。（均见本书下册及拙著《秦时佛教已流行中国考》——作者原注）

不必再看全书，只是这短短几句话我觉得就有商榷的必要了。

马先生所说的《秦史大纲》下册和《秦时佛教已流行中国

考》似乎还没有出版，至少是我还没有看到。我不知道内容怎样，但只看上面自序里的一段话也就可以看出来，"禁不得祠"的"不得"就是后来的"浮屠"这件事是他在1941年秋才发现的，而且看口气还是独创，并不是抄袭别人。这使我大吃一惊，远在1927年日本学者藤田丰八就写过一篇论文（《东洋学报》第十六卷第二号），主张"不得"就是梵文 Buddha 的音译。中外学者们对这篇文章的反应差不多一致，他们都认为这学说不能成立。原文"禁不得祠明星出西方"的"不得"是虚字，不是实字。汤锡予（用彤）先生在他的《汉魏两晋南北朝佛教史》上册页7—8也讨论过这问题，他也认为这说法毫无根据。可是马先生竟在藤田论文出版14年以后，在他自己发心治秦史10年以后，又忽然发现了"不得"就是"浮屠"。在他的大著《秦时佛教已流行中国考》里，这也许就是主要论证，我们除了吃惊以外，还有什么可说呢？

我们当然不能要求一个学者要读尽世界上所有的书，这根本是不可能的，但在他研究范围以内的书籍和论文，他总应该大体知道。尤其是像藤田这篇论文好多学者都讨论过，一个自命研究秦史的学者似乎不应该不知道。即使我们再退一步说，倘若一位学者想写一篇论文证明秦时佛教已经流入中国，他无论如何也应该看一看汤著《汉魏两晋南北朝佛教史》。但马先生对这一切竟都茫然，我们除了吃惊以外，真没有别的可说了。

我们现在再谈马先生在"发心治秦史"12年以后发现的两个外来的假借字。"羡门"即是"沙门"，"安期"即是"阿耆尼"。我们从史记的记载里只能看出，"羡门"是一个住在虚无缥缈间的仙人。然而马先生却说，这就是印度的和尚。按"沙门"的梵文原文是 Sramana，巴利文 Samana。唐慧琳《一切经音义》卷十八说："沙门，梵语讹也。正梵音云室啰末拏。"（《大正大藏经》卷五十四页420上）据我们现在的研究，"沙门"并不"讹"，因为它不是直接由梵文译过来的，而是经过一番媒介。在吐火罗文 A（焉耆语）里，梵文 Sramana 变成 Samam，在吐火罗文 B（龟兹语）里变成 Samane。中文"沙门"就是从吐火罗文里译过来的。马先生既然主张"羡门"即是"沙门"，是不是知道"沙门"的来源还有这样许多曲折，是不是能证明"羡门"也是经过了吐火罗文的媒介才译成中文的？他最少也应该能证明"羡门"是从印度古代俗语（Prakrit）里译过来的，因为梵文 Sramana 绝不会译成"羡门"。我恐怕这些马先生都做不到。然而他自己却认为这已经毫无问题。在他的秦史里他已经替"羡门"立了一个独立的传了。

至于"阿耆尼"，梵文原文是 Agni，是火神，在印度古代非常受尊崇。梨俱吠陀里有很多歌是赞咏火神的。中译"阿耆尼"与梵音相当，但"安期"却有了问题。据高本汉（Bernhard Karlgren）的构拟，"安"字的发音是：

an／an／an（Grammata Serica，146）

"期"字的发音是：

kiag／kji／ki（Grammata Serica，952）

马先生能证明为什么梵文 Agni 到了中国变了音么？除了这译音方面的困难以外，我们也不明白，为什么印度的火神跑到中国来摇身一变成了仙人。我们也希望马先生能解释给我们听。

　　我对马先生大著自序里那几句话的批评就到这里为止。也许有人认为我小题大做，马先生只是寥寥数语，我却写了一大篇。但我觉得马先生的那寥寥数语却代表现在中国学术界一种很流行、非常时髦又非常荒谬的风气，我们应该起来纠正。有许多所谓学者对中亚古代语文毫无通解，却偏好来谈对音。他们连最根本的常识都没有，连最简单的方法都不知道，他们有的只是极可怜的一点幻想，他们就用了这幻想来研究问题。只要他们高兴，他们可以把任何中国字同任何外国字拉在一起，说这个中国字就是这个外国字的音译。他们仿佛是玩积木的小孩子，能够把外国字的字母一个个分开来，再一个个重新排起来，前后次序对他们根本不重要。这种作风让我们看了真是啼笑皆非。我们简直可以说，这是学术的妖孽。最近有好多学者写这样的文章。在读这些文章以前，我不相信，世界上会有这样荒谬的东西；读了以后，我才知道，我究竟还是井底之蛙。南京一位老学者在这方面尤为努力，他写过许多这样的文章。最妙的是，他也有一篇文章说"不得"就是"浮屠"，登在《真理》上（这是张苑峰先生告诉我的），真可谓无独有偶了。

　　我写了一大篇，并不是对马先生有什么不敬，我只是借题发挥，希望学者们在研究对音的时候要特别小心。马先生的书也许还有有价值的地方，恕我是外行，在这里只谈他自序里的那一段话，其余就不谈了。

1948 年 6 月 15 日于北京大学

漫话历史题材

粉碎"四人帮"以后，中国文艺界迎来了百花争妍、万紫千红的繁荣景象。许多被"四人帮"诬陷打击的老作家恢复了名誉，振奋了心情，正在以"老骥伏枥，志在千里"的精神，从事写作，希望在有生之年写出更好的作品，为实现四个现代化贡献力量。一批年轻的小将，思想本来就没有多少框框，正在斗志昂扬，勇闯禁区，提出了一些发人深省的问题，写出了一些为广大人民群众所喜爱的作品。眼前的文艺界确实一派大好形势，无论谁看到都会感到由衷的喜悦。

是不是就没有问题了呢?我看，还不能这样说。有一些文艺工作者心有余悸，思想没有得到解放，前怕狼，后怕虎，活像小脚女人走路，同今天的形势，完全不能适应。甚至还有少数同志思想僵化，或者半僵化，望禁区而却步，谈帮派犹变色，无穷无尽的忧虑，数不完的清规戒律，这也不敢，那也不能，党的十一届三中全会已经决定把全党的工作着重点转移到社会主义现代化建设上来，第五届全国人民代表大会第二次会议已经开过，肯定了党的路线。在这样一个伟大的历史转折时期，这样一种精神状态是完全不适应的。群众"希望有更多的好作品出世"，文艺工作者必须倾听群众的呼声，满足他们的愿望。

这里面问题很多，我只谈一谈文艺作品的题材问题。

同别的问题一样，这个问题也让"四人帮"给搞乱了。根据马列主义经典作者的意见，题材本来不应该有什么限制的。主要问题是作者的世界观和阶级立场，这是决定一切的。但是"四人帮"却别有用心地叫嚷什么只准写13年，否则就棍子乱打，辫子乱抓，帽子乱扣，仿佛犯了弥天大罪。就算是写13年吧，他们又设置了种种障碍，又搞什么"三突出"，仍然是一系列的枷锁，套在作家的脖子上，让人们喘不出气来。总之，"四人帮"的险恶用心，就是扼杀一切文艺创作，只剩下他们的"样板"，只剩下他们的儒法斗争。

我现在想再把题材的范围缩小一下，缩到利用中外古代题材的问题上。这在"四人帮"横行时期，是不可想象的，没人敢谈的。连写鸦片战争以后的一百多年的历史人物和事件，连写新中国成立后17年的历史人物和事件都不允许，更哪能谈利用中外古代的题材呢？但是世界各国文学史都证明了相反的情况。各国都有一些伟大的作家是利用历史资料而取得伟大的成绩的。在外国文学方面，我只举一两个例子。世界上最伟大的作家之一，英国的莎士比亚，大家都知道，他写过不少的历史剧，一直到今天还受到读者和观众的欢迎。也是属于世界上最伟大的作家之列的德国的歌德和席勒，也都利用历史题材写过不少的受到人民群众热烈称赞的剧本。除了英国的莎士比亚，德国的歌德和席勒以外，各国文学史上都有很多的大作家，不管是戏剧家，是诗人，还是小说家，都曾利用历史题材写出了为当时的人民群众所欢迎而且一直到今天还葆其青春活力的作品。

我现在再举一些中国的例子。在中国文学史上，利用历史题材的例子多不胜举。司马迁，大家都知道是一个伟大的历史学家，但是从另一个角度来看，他写的一些本纪和传，实际上是借历史人物的活动抒发自己的牢骚和愤懑，这些也都是文学作品。这当然同利用历史题材来创作还稍有所不同，我不过在这里顺便提一下而已。

真正利用历史题材来创作的例子也是很多很多的。唐代大诗人白居易的名篇《长恨歌》写的就是两个历史人物杨贵妃和唐玄宗的爱情。以后在宋代志怪及传奇文中，利用历史题材的还有不少，比如宋朝乐史作的《杨太真外传》，就是利用杨贵妃的故事；《赵飞燕外传》利用汉赵飞燕的故事。宋代的话本，历史题材更多，什么《唐太宗入冥记》《孝子董永传》等等都是。利用唐僧玄奘赴西天取经的故事以创作文学作品，自宋元就已开始。到了明朝遂有了《西游记》这样脍炙人口的作品。《三国演义》《水浒传》也都可以说是历史题材。而从元代起，戏剧取材于历史的更是多得很，此风流传沿袭直至清代未衰。许多京剧或地方剧，题材都是从历史上取来的。有的是国家大事，也有些是市井小事，这些事件都变得家喻户晓，老幼皆知。过去许多不识字的老百姓之所以能够有一点中国历史的知识，主要原因就是他们看剧、听剧。我们现在真正没法估计，中国旧剧在这方面究竟做出了多大的贡献。

近代中国伟大的文学家鲁迅也曾利用历史题材写过一些小说，都收在《故事新编》里。鲁迅利用旧题材，态度是非常严肃的，好多故事内容都经过了一番考证，比如《出关》和《采薇》等等，但这并不妨碍他用旧瓶盛新酒。他在这些小说中所表现的爱与憎、歌颂与讽刺，都是针对当前的人物和事件的，在这方面他的态度是非常鲜明的，一点也不含糊的。

我们为什么要利用历史题材呢？我们今天的文艺当然要以反映社会主义社会生活为主，这是不容置疑的。我们今天要写的题材多得很。我们要描绘向四个现代化进军中的动人事件和英雄人物，借以鼓励大家前进。我们要提倡解放思想、开动机器、实事求是、团结一致。这是实现四个现代化所必不可缺少的。我们也要大力歌颂像张志新烈士这样的英雄人物、优秀党员。我们当然也要歌颂老一辈革命家的丰功伟绩。所有这一切都是为当前的政治服务的，都是实现四个现代化向着光辉灿烂的社会主义、共产主义前进必不可缺少的。但是仅仅这一些还是不够的。文艺的生命在于丰富多彩，单调是文艺的大敌。仅仅用一种题材是完全不够的。我们要提倡风格多样化、形式多样化、体裁多样化，也要提倡题材多样化。正如吃饭一样，天天吃同样的东西，是会倒胃的。天天是"阳春白雪"，不行；天天是"下里巴人"，也不行。因此古代历史题材就是必不可少的了。它同现代、当代的题材是异曲同工，殊途同归。表面不同，实则一致，它除了给人以艺术享受外，还可以在某种程度上给人以历史知识，帮助人民总结历史经验，丰富人民的智慧，提高人民的民族自信心、自尊心，帮助人民从历史事件中吸取教训、分清是非、辨别邪正。像包拯、海瑞一样的清官，今天不正在受到老百姓的欢迎吗？

利用历史题材，并不等于写历史。我们当然不能歪曲历史，但也不必斤斤计较历史细节。题材是旧题材，思想内容却完全是新的思想内容。用句通俗的话就是"借题发挥"。借用历史题材抒发自己的感情。历代利用历史题材的诗歌、小说、戏剧，抒发出来的感情都是作者的思想感情。这也是毫无疑问的。在这里关键是作者，题材不是关键。鲁迅先生说：

> 我以为根本问题是在作者可是一个"革命人"，倘是的，则无论写的是什么事件，用的是什么材料，即都是"革命文学"。从喷泉里出来的都是水，从血管里出来的都是血。（《鲁迅全集》第三卷，第408页，《革命文学》1927年）

> 现在需要的是斗争的文学，如果作者是一个斗争者，那么，无论他写什么，写出来的东西一定是斗争的。（《鲁迅全集》第十卷，第236页，1934.10.9信）

我们首先都要争取做一个"革命者"，一个"斗争者"。只要有了这个先决条件，我们不妨提倡一下利用历史题材写诗，写小说，编剧本，在向四个现代化进军中，迎来一个比现在更为光辉灿烂的百花齐放、万紫千红的文艺的春天。

1979 年 6 月 30 日

研究中国文化应该
把宗教考虑进来[*]

近几年来，国内掀起了一个讨论文化问题的高潮。这是容易理解的。因为我们正在从事两个文明的建设，不讨论文化问题，对工作开展不利。

相对来说，宗教问题讨论得比较少，其中原因就不大容易说得清楚。人们可能认为，宗教问题已经解决了，没有再讨论的必要了，而且宗教与文化井水不犯河水，讨论文化时没有必要兼顾宗教。但是，事实上，事情并非如此简单明了。我个人认为，宗教问题还远远没有解决。宗教与文化的关系问题还没有认真进行探讨。

恩格斯说过，创立宗教的人，他们必须本身感到宗教上的需要，并能体贴群众的宗教需要。所谓群众的需要有多种多样。有真正的需要，有虚幻的需要，有麻醉的需要，有安慰的需要，尽管形式不同，其为需要则一也。宗教能满足麻醉的需要，这个一清二楚，用不着多加解释。但是，如果一提宗

---

* 本文是作者为《中国文化与宗教》写的序言。

教，就一声"鸦片烟！"想一棍子打死，那是把极端复杂的问题过分简单化了。只要人民需要还在，一棍子打不死，几百几千棍子也是打不死的。

宗教也不是对时时事事都是"鸦片烟"。它有阻碍科学文化发展的一面，例如欧洲中世纪的天主教，疯狂迫害进步的科学家。但是像印度佛教传入中国，除了麻醉作用之外，也不能否认，还有促进中国哲学思想发展的一面。如果世界上从来也没有一个什么佛教，则一部中国思想史将会是另外一个样子。这件事情昭如日月，想否定它，那不是实事求是的态度。

我的意思不外是说，研究中国文化——研究世界文化也一样——应该把宗教考虑进来。一方面不要拜倒在我佛如来莲座之下，口念"阿弥陀佛"，五体投地，皈依三宝；另一方面也不要横眉竖目，义形于色，三呼打倒，立即动手。前者是蠢材，后者是昏蛋，莲座上的佛像可以砸碎，一些人们心中的佛像通过这种手段是砸不碎的。正确的办法只有一个，那就是，用科学的态度，面对现实，平心静气，对中国文化和宗教的关系，从各方面加以细致地分析，然后从中得出实事求是的结论，用以指导我们的行动。

郁龙余同志编选了《中国文化与宗教》一书，作为《台港海外中国文化研究丛书》之一，根据上面我说的理由，我认为是非常有意义的工作。里面的观点当然不一定都完全正确，肯定有我们目前不能接受的地方。但是，他山之石，可以攻玉。不管怎样，它定能帮助我们思考这个问题。我也希望我们大陆的同行们能立即行动起来，参加到研究文化与宗教的行列里来。

佛教与儒家和道教的关系*

在中国思想史上，儒、道、佛三家，一向起着很重要的作用。其中儒家起源于孔子，这是清清楚楚的。佛教源于释迦牟尼，这也是毫不含糊的。独有道教，虽然自称是老子、庄子的信徒，汉初黄、老之道也曾盛极一时，但是汉以后的道教实际上却是张道陵创建的。在这三家中，儒道两家是土生土长的，佛教是从印度传来的。佛道二者都算是正宗的宗教，儒家一般不被认为是一个宗教。南北朝以来，笼统言之，称之曰三家或者三教。陶弘景说："百法纷陵，无越三教之境。"他是把三家都称为"教"的。

我在这里想谈的是自从佛教传入中国以后一直到唐代玄奘时期三家的相互关系。

先谈佛、道关系。

佛教在汉朝传入中国以后，自附于鬼神方术，这就同道教发生了关系。当时许多帝王，比如楚王英和桓帝并祭二氏。《后汉书》卷四二《光武十王列传·楚王英传》说："晚节更喜黄老，学为浮屠斋戒祭祀。"《资治通鉴》卷五五，桓帝延

＊ 本文节选自季羡林《玄奘与〈大唐西域记〉》一文。

熹九年(166年)，襄楷上书说："闻宫中立黄、老、浮屠之祠，此道清虚，贵尚无为，好生恶杀，省欲去奢。"但是佛道二家也有矛盾。从理论基础来看，佛教有一整套的理论。道教的理论底子就比较薄，最初实在拿不出什么成套的东西来。它同外来的佛教碰头以后，由于理论方面的矛盾(骨子里是经济方面的矛盾)两者难免磕磕碰碰。道教除了一些服食、炼丹等方术以外，在理论方面根本不是佛教的对手。交手打了几个回合，就败下阵来。道教徒于是就施展出以后常常使用的手法：一方面拼命反对佛教；另一方面又偷偷摸摸地抄袭佛教的学说。《太平经》就是这种手法的产品。此外，还施展出一种以后也常常被人使用的手法：你说浮屠好，他其实是中国人，老子入夷狄化胡，命令尹喜托生为释迦牟尼。《老子化胡经》就是这种手法的产品。这一部书传说是西晋道士王浮所伪造，恐怕也是根据旧闻而加以创造的，是代表一种思潮的。连鱼豢《魏略·西戎传》也说：

> 浮屠所载，与中国《老子经》相出入。盖以为老子西出关，过西域，之天竺，教胡浮屠属弟子别号二十有九。

可见魏时老子化胡的故事已经传播。今天我们有的那一部道藏里面剽窃佛经的地方，比比皆是，我们在这里不详细论述了。

道教在理论上虽然不是佛教的对手，但它是土生土长的，用它来对抗外来的佛教，最容易奏效。因此，它就常为统治者所利用。我们甚至可以这样说，如果没有佛教的传入与兴隆，道教也许传播不开。汉族有一整套伦理教条：君君，臣臣，父父，子子，等等。这是统治的基础。这当然是儒家思想，但道教并不违反它。而佛教却偏偏破坏这一套。在佛教同道教和儒家的斗争中，这是对它很不利的一个方面。

按照世界宗教史上的一般规律，宗教都是具有排他性的。在这里，原因并不像一般人所相信的那样是由于宗教信仰和学说的不同。如果这样说，那只是皮毛之论，关键是经济利益。打击别人，争取信徒，也就是争取布施，争取庙产。佛道斗争也不能例外。

我们在这里讲的汉末的佛道斗争，只能算是滥觞。这个斗争还一直继续了下去，甚至可以说是与中国古代历史相始终。南北朝时，北方元魏道教天师寇谦之（365—448年）集道教方术之大成，又兼修儒教。他通过崔浩怂恿元魏太武帝摧毁佛法，教帝立崇虚寺，供养道士。但是道士本身实无方术可言，以后的皇帝又重佛法。至孝明帝时，佛道争论于殿庭之上，道教几败。

周武帝最初也因循事佛，但又想励精图治，觉得佛道皆非其选，只有尊崇儒术，最后发展到灭佛的地步。所谓"三武灭佛"，魏太武帝是其一，周武帝也是其一。

在南朝，则有葛洪（284—364年）、陶弘景（456—536年）等重要的道教代表人物。葛洪著有《抱朴子》一书，提出了"玄"这一个概念作为天地万物的根源。他大力提倡服食丹药、求神仙等方术。陶弘景著有《真诰》一书。他也是一个著名的炼丹家，又是一个政客，号曰"山中宰相"。葛、陶都大肆宣扬白日飞升，得道成仙，长生不老。这种幻想恰恰投合了统治者的心意。在表面上与佛教的基本思想形同水火。佛教主张生为空幻，要追求解脱，追求涅槃，想要跳出"轮回"，主张"无生"。因而引起了激烈的论争。梁僧祐《弘明集》和唐道宣《广弘明集》所载诸文与道家抗辩者几占三分之一。可见二者矛盾之尖锐。但是在骨子里，二者差别并不大。它们同世界上一切宗教一样，都是兜售天国的入门券，不过方式不同而已。因此，它们就有了互相学习、互相影响的余地，能够为同一个封建统治者服务。李老君的诞生的奇迹，完全是从释迦诞生的故事抄来的。道教的戒律也完全是模仿的佛教。佛教天台宗二祖南岳慧思（515—577年）的《誓愿文》又抄袭了道家，反复提到神仙、芝草、内丹，想借外丹力修内丹，祈求长生。陶弘景的三传弟子司马承祯（647—735年，贞观二十一年至开元二十三年），吸收了北朝的精神，不重视炼丹、服食、法术变化的神仙方术，而偏重道教的理论研究，主张摒见闻，去知识，修心，主静。在这里，他显然是受到了佛教的影响。上面这几个简单的例子，就充分能够说明佛、道两家是如何互相学习、互相影响了。

但是佛道的矛盾并没有减少。到了唐初，这个矛盾达到了一个新的阶段。道教是民族形式的宗教，又得到唐初统治者的大力提倡，因此在两教斗争中显然占了上风。在这时期，最突出的事件是所谓"傅奕辟佛"。傅奕生于梁敬宗绍泰元年（555年），死于唐太宗贞观十三年（639年）。他是隋与初唐的著名的无神论者、自然科学家。他做太史令，主管天文和历算。也许因为他作过《老子注》，佛教徒就称他为道士。唐彦琮《唐护法沙门法琳别传》说："有前道士太史令傅奕，先是黄巾，党其所习，遂上废佛法事十有一条。"其中可能有诬蔑的意思，是"人身攻击"。对我们来说，这无关重要。《旧唐书》卷七九《傅奕传》说，武德七年，奕上疏，请除去释教，"故使不忠不孝，削发而揖君亲；游手游食，易服以逃租赋"。短短几句话，却说出反佛的根本原因。前两句讲的是维护封建社会秩序，后两句讲的是佛教破坏生产，逃避租赋。这二者都是封建统治者的命根子，是碰不得的。傅奕又说："且生死寿夭，由于自然；刑德威福，关之人主。"这是从理论上驳斥佛教的。唐道宣选集的《广弘明集》中选了傅奕许多奏折。这些奏本说："缙绅门里翻受秃丁邪戒；儒士学中，倒说妖胡浪语。"又说："不事二亲，专行十恶。"他又说："海内勤王者少，乐私者多；乃外事胡佛，内生邪见；剪剃发肤，回换衣服。出臣子之门，入僧尼之户；立谒王庭，坐看膝下，不忠不孝，聚结连房。"他又说："西域胡者，恶泥而生，便事泥瓦；今犹毛臊，人面而兽心，土枭道人，驴骡四色，贪逆之恶种。"这简直是破口大骂，"人身攻击"达到了极点。不过论点还是不出上面说的两点：一是维持封建伦理道德，维护封建秩序；一是保护生产力，保护国家财赋。傅奕临终诫其子曰："老、庄玄一之篇，周、孔六经之说，是为名教，汝宜习之。"可见他是站在道家和儒家的立场上向佛教猛烈开火的，大有不共戴天之势。

现在再谈一谈儒道关系。

上面已经谈到，儒道两家都是在中国土生土长的。因此，即使有时也难免有点矛盾，但是总起来看，二者的关系是比较融洽的。中国历来传说，孔子是老子的学生。不管这是否是事实，它至少反映出二者关系的密切。中国古代有几个皇帝兼奉儒道，比如汉武帝是古代的明君。为了巩固封建统治，他尊崇儒术，罢黜百家，但晚年却求神仙，信方士，这就接近了道家。夏曾佑在所著《中国古代史》中评论秦始皇与汉武帝说：

> 综两君生平而论之，其行事皆可分为三大端。一曰尊儒术，二曰信方士，三曰好用兵。此三者，就其表而观之，则互相抵牾，理不可解。既尊儒，何以又慕神仙？既慕神仙，何以又嗜杀戮？此后人所以有狂悖之疑也。

不管怎样，这些例子都说明儒道两家是可以并存、可以共处的。在以后漫长的历史上，儒道两家之间的关系，都不像它们同佛教的关系之紧张。长久的历史事实证明了同一个道理。

最后再谈一谈儒佛关系。

佛教初传入时，儒佛没有什么矛盾。后汉牟融作《理惑论》，以通两家之义。三国时代，康僧会本身是一个佛徒，却力主调和两家之论。据《梁高僧传》卷一《康僧会传》，康僧会回答孙皓说：易称积善余庆，诗咏求福不回。虽儒典之格言，即佛教之明训。

两晋南北朝时，儒者或兼采佛教名理以自怡悦，或漠然置之，好像世间根本没有这种学说。东晋时流行的玄学是儒家封建思想的表现。这时佛、儒两家思想互相结合，互相补充，更看不出什么矛盾。孙绰本是儒家，曾撰《论语注记》。又与名僧支遁游，作《喻道论》，阐明孔释本是一家。他说："周、孔即佛，佛即周、孔，盖内外名之耳。"此时儒门之士，多归心佛法，而缁门佛徒，亦不废儒学。所谓庐山十贤中的雷次宗、宗炳等都以儒者而修持净土。慧远以高僧而深研儒学。这是最典型的例子。萧梁时，两教并重。这也是大家熟知的事实。北齐颜之推，儒释并重。隋王通以儒者而推崇释、道，大有融合三教之势。南北朝一直到隋唐，许多义学高僧都出身于儒家士族，这些家族成员中一旦失势，又往往寄情于佛学。其中消息，耐人寻味。这些人在转入释教以前，已有儒学和玄学的修养。儒、佛二者关系之密切也概可想见了。玄奘本人就出身于儒家，这个问题以后再谈。

在这时候，佛教主要攻击的对象是道教，对于儒家则很少敢于非议。因为儒家是钦定的，非议儒家就等于非议朝廷。但也不是完全如此，只要有机会，佛家总对儒家射上几支冷箭。比如华严宗判教：一、人天教；二、小乘教；三、大乘法相教；四、大乘破相教；五、一乘显性教。五教之外，还有最低的教：道、儒。在这里佛家把儒家放在最低的地位上。有点讽刺意味的是，尽管华严宗判教，把儒家判到最低级。但是，宋朝的理学家程、朱之流则拼命抄袭佛家学说，特别是华严宗的学说。程、朱宣扬的"体用一源，显微无间"，实际上就是华严宗"理事无碍法界，事事无碍法界"思想的翻版。

唐朝儒生反对佛教，态度比较一致，理论比较肤浅。最著名的辟佛者是韩愈，他就是肤浅的典型。从他的名著《原道》

来看，他大概并不大通佛理。他只是从保护民族文化，坚持中国的学术传统，就是所谓道统，维护儒家格物、致知、诚意、正心、修身、齐家、治国、平天下那一套修养经来反对佛教。佛家只讲个人修行，不关心国家大事。这一点使儒者韩愈很不满。一个人一出家就不再从事生产，统治阶级的剥削和经济利益就会受到损害，这一点更使韩愈不满。他因此就辟佛。他是以唯心主义来反对唯心主义的。他的辟佛实与哲学体系无关。柳宗元和刘禹锡情况差不多。他们基本上都是唯物主义者，但是都尊崇佛教。柳宗元说："自幼好佛，求其道积三十年。"可见其爱佛之深。刘禹锡也把儒、佛并提，毫无辟佛之意。他又认为儒家"罕言性命"，适合于治世；佛家讲心性，大悲救诸苦，是有神论，适合于乱世。总之，他们俩以唯物主义者而崇信佛教教义，可见也与理论体系无关。看来，他们不过是想在彼岸世界（涅槃）寻求精神安慰而已。

　　唐代的儒佛关系，当然不限于上面讲的这些情况，也不限于韩愈、柳宗元和刘禹锡几个人。在佛教传入中国以后，在整个的中国思想史上，儒、佛的关系都占有一定的地位，其间的关系，也是很错综复杂的。因为与我们现在讲的关系不大，我们也就不再细谈了。

1980 年

饶宗颐先生的为人与为学[*]

　　饶宗颐教授是著名的历史学家、考古学家、文学家、经学家，又擅长书法、绘画，在中国台湾省、香港等地，以及英、法、日、美等国家，有极高的声誉和广泛的影响。在我国大陆，他虽然也享有声誉，他的论著也常常散见于许多学术刊物上，而且越来越多，但是他的著作还没有在大陆上单独出版过，因而限制了大陆学人对饶先生学术造诣的了解。这不能不说是一件令人十分遗憾的事。现在应中山大学胡守为教授之请，饶先生自己编选了这一部《饶宗颐史学论著选》，准备在大陆上出版，这真是史坛佳话，大陆学人会热烈欢迎，这是毫无疑问的。

　　完全出我意料之外，饶先生表示希望我能为他的选集写一篇序言。我毫不迟疑地答应了下来，并不是因为我自认有这能力，我的能力是不够的，而是因为我认为这是一个光荣的任务和职责。同声相应，同气相求，古人对此，早有明训。大陆和大陆以外的同行们是应该相应、应该相求的。这对繁荣学术、交流感情，会有很大的裨益。更何况是像饶宗颐教授

＊　本文是作者为《饶宗颐史学论著选》写的序。

这样一个著作等身的学者呢?几年以前，饶先生把自己的大著《选堂集林·史林》三巨册寄给了我。我仔细阅读了其中的文章，学到了很多东西。在大陆上的同行中，我也许是读饶先生的学术论著比较多的。因此，由我来用序言的形式介绍一下饶先生的生平和学术造诣，可能是比较恰当的。中国有两句古话："桃李不言，下自成蹊。"即使我不介绍，饶先生的学术成果，一旦在大陆上刊布，自然会得到知音。但是，介绍一下难道不会比不介绍更好一点吗?在这样的考虑下，我不避佛头着粪之讥，就毅然答应写这一篇序言。

我想首先介绍一下饶先生的生平。

饶宗颐，字固庵，号选堂，1917年6月生于广东省潮安县。幼承家学，自学成家。自18岁起，即崭然见头角。此后在将近五十年的漫长的岁月中，在学术探讨的许多领域里做出了显著的成绩，至今不衰。为了醒目起见，我在下面列一个年表：

1935—1937年　中山大学广东通志馆纂修，共三年

1944—1945年　无锡国专(迁广西时)教授

1946年　广东文理学院教授

1947—1948年　汕头南华大学文史系主任教授，兼潮州志总编纂

1948年　广东省文献委员会委员

1952—1968年　香港大学中文系讲师——教授，共十六年

其间，1963年　在印度班达伽(Bhandarkar)东方研究所做研究

1968—1973年　新加坡国立大学中文系首任教授兼系主

任，共五年

其间，1970—1971年　美国耶鲁大学客座教授

1972—1973年　台湾"中央研究院历史语言研究所"教授，共五个月

1973—1978年　香港中文大学中文系教授、系主任

1978年9月退休

1978—1979年　法国高等研究院（L'école Pratique des Hautes Études）第五组宗教部门客座教授，共一年

1980年　日本京都大学及人文科学研究所客座教授，共四个月

现为香港中文大学名誉教授（中文系）及艺术系荣誉教授。香港大学名誉文学博士。1962年，获法国儒莲汉学奖（Prix Stanislas Julien，Académie des Inscriptions et Belles Lettres），又曾为法国科学中心（C. N. R. S）、远东学院（EFEO）研究员。1980年，被选为法京亚洲学会（Société Asiatique）荣誉会员。

现在介绍饶先生的著作。著作涉及的面很广。根据饶先生自己的归纳，分为八个门类：

一、敦煌学

1.《敦煌本老子想尔注校笺》香港，1956年

2.《敦煌曲》与 Paul Demiéville 教授合著，法国科学中心印，1971年《敦煌曲订补》史语所集刊

3.《敦煌白画》法国远东学院考古学丛刊，1978年

4.《敦煌书法丛刊》日本二玄社印，共二十九册，已出十册，1983年

5. 《敦煌本文选》

二、甲骨学

1. 《殷代贞卜人物通考》香港大学出版社，1959年

2. 《巴黎所见甲骨录》香港，1957年

3. 《欧美亚所见甲骨录存》新加坡，1970年

三、词学

1. 《词籍考》香港大学出版社，1963年，北京中华书局重印增订本在排印中

2. 《全明词》（稿）已交中华书局编辑部，正在补苴国内资料

四、史学

1. 《选堂集林》香港中华书局，1982年

2. 《中国史学上之正统论》香港龙门书局，1977年

3. 《潮州志汇编》香港龙门书局，1965年

4. 《九龙与宋季史料》香港，1959年

五、目录学

1. 《潮州艺文志》《岭南学报专号》共二期（第四卷第四期，1935年及第六卷第二、三期合刊，1937年）又《潮州志》本

2. 《香港大学冯平山图书馆善本书录》香港龙门书局，1970年

六、楚辞学

1. 《楚辞地理考》上海商务印书馆，1946年

2. 《楚辞书录》香港，1956年

3. 《楚辞与词曲音乐》香港，1958年

七、考古学、金石学

1.《韩江流域史前遗址及其文化》（收入《选堂集林》）香港，1950年

2.《唐宋墓志》（法国远东学院藏拓本）香港中文大学与法国远东学院合印，1981年

3.《云梦秦简日书研究》香港中文大学考古艺术中心专刊，1983年

4.《曾侯乙墓钟磬铭辞研究》同上，排印中

5.《楚帛书》（考证现存美国之 Chú Silk Manuscript）香港中华书局，排印中

6.《星马华文碑刻系年》（收入《选堂集林》）新加坡，1972年

八、书画

1.《黄公望及其富春山图》香港中文大学文物馆专刊，1977年

2.《虚白斋书画录》日本东京二玄社，1983年

从上面这个著作表中可以看出，饶宗颐教授的学术研究涉及范围很广，真可以说是学富五车、著作等身。要想对这样浩瀚的著作排比归纳，提要钩玄，加以评介，确非易事，实为我能力所不逮。因此，我只能谈一点自己的看法，而且主要是根据本书中所选的论文，只在十分必要时，才偶尔超出这个范围。

从世界各国学术发展的历史来看，进行学术探讨，绝不能故步自封、抱残守缺，而是必须随时应用新观点，使用新材料，提出新问题，摸索新方法。只有这样，学术研究这一条长

河才能流动不息，永远奔流向前。讨论饶先生的学术论著，我就想从这个观点出发。我想从清末开始的近一百多年来的学术思潮谈起。先引一段梁启超的话：

> 自乾隆后边徼多事，嘉道间学者渐留意西北边新疆、青海、西藏、蒙古诸地理，而徐松、张穆、何秋涛最名家。松有《西域水道记》《汉书西域传补注》《新疆识略》，穆有《蒙古游牧记》，秋涛有《朔方备乘》，渐引起研究元史的兴味。至晚清尤盛。外国地理，自徐继畬著《瀛环志略》，魏源著《海国图志》，开始端绪，而其后竟不光大。近人丁谦于各史外夷传及《穆天子传》《佛国记》《大唐西域记》诸古籍，皆博加考证，成书二十余种，颇精瞻。
>
> （《清代学术概论》）

梁启超接着又谈到金石学、校勘、辑佚等等。其中西北史地之学是清代后期一门新兴的学科，在中国学术史上，这是一个新动向，值得特别重视。金石学等学问，虽然古已有之，但此时更为繁荣，也可以说是属于新兴学科的范畴。这时候之所以有这样多的新兴学科崛起，特别是西北史地之学的兴起，原因是多种多样的。赵瓯北的诗句"江山代有才人出，各领风骚数百年"应用到学术研究上，也是适当的。世界各国的学术，都不能一成不变。清代后期，地不爱宝，新材料屡屡出现，学人的视野逐渐扩大，再加上政治经济的需要，大大地推动了学术的发展。新兴学科于是就蓬蓬勃勃地繁荣起来。

下面再引一段王国维的话：

> 古来新学问之起，大都由于新发见之赐。有孔子壁中书之发见，而后有汉以来古文家之学。有赵宋时古器之出土，而后有宋以来古器物古文字之学。惟晋时汲冢竹书出土后，因永嘉之乱，故其结果不甚显著，然如杜预之注《左传》，郭璞之注《山海经》，皆曾引用其说，而《竹书纪年》所记禹、益、伊尹事迹，至今遂成为中国史学上之重大问题。然则中国书本上之学问，有赖于地底之发见者，固不自今日始也。（《女师大学术季刊》，第一卷，第四期，附录一：《近三十年中国学问上之新发见》，王国维讲，方壮猷记注）

这里讲的就是我在上面说的那个意思。王国维把"新发现"归纳为五类：一、殷墟甲骨；二、汉晋木简；三、敦煌写经；四、内阁档案；五、外族文字。我觉得，王静安先生对中国学术史的总结，是实事求是的，是正确的。

近百年以来，在中国学术史上，是一个空前的大转变时期，一个空前的大繁荣时期。处在这个伟大历史时期的学者们，并不是每一个人都意识到这种情况，也并不是每一个人都投身于其中。有的学者仍然像过去一样对新时代的特点视而不见，墨守成规，因循守旧，结果是建树甚微。而有的学者则能利用新资料，探讨新问题，结果是创获甚多。陈寅恪先生说：

> 一时代之学术，必有其新材料与新问题。取用
> 此材料，以研求问题，则为此时代学术之新潮流。
> 治学之士，得预于此潮流者，谓之预流（借用佛教
> 初果之名）。其未得预者，谓之未入流。此古今学术
> 史之通义，非彼闭门造车之徒，所能同喻者也。
> （《陈垣〈敦煌劫余录〉序》，见《金明馆丛稿二
> 编》，上海古籍出版社，1980年）

陈先生借用的佛教名词"预流"，是一个非常生动、非常形象
的名词。根据这个标准，我们可以说，王静安先生是得到预流
果的，陈援庵先生是得到预流果的，陈寅恪先生也是得到预
流果的，近代许多中国学者都得到了预流果。从饶宗颐先生
的全部学术论著来看，我可以肯定地说，他也已得到了预
流果。

我认为，评介饶宗颐教授的学术成就，必须从这一点
开始。

谈到对饶先生学术造就的具体阐述和细致分析，我想再
借用陈寅恪先生对王静安先生学术评介的几句话。陈先
生说：

> 然详绎遗书，其学术内容及治学方法，殆可举
> 三目以概括之者。一曰取地下之实物与纸上之遗文
> 互相释证。凡属于考古学及上古史之作，如《殷卜

辞中所见先公先王考》及《鬼方昆夷猃狁考》等是
也。二曰取异族之故书与吾国之旧籍互相补正。凡
属于辽金元史事及边疆地理之作，如《萌古考》及
《元朝秘史之主因亦儿坚考》等是也。三曰取外来之
观念与固有之材料互相参证。凡属于文艺批评及小
说戏曲之作，如《红楼梦评论》及《宋元戏曲考》
《唐宋大曲考》等是也。此三类之著作，其学术性质
固有异同，所用方法亦不尽符会，要皆足以转移一
时之风气，而示来者以轨则。吾国他日文史考据之
学，范围纵广，途径纵多，恐亦无以远出三类之外。
此先生之书所以为吾国近代学术界最重要之产物也。
（《王静安先生遗书序》，见《金明馆丛稿二编》）

陈先生列举的三目，我看，都可以应用到饶先生身上。我在下
面分别加以论述：

一、地下实物与纸上遗文

饶宗颐教授在这方面的成就是非常显著的。一方面，他
对中国的纸上遗文非常熟悉，了解得既深且广。另一方面，他
非常重视国内的考古发掘工作。每一次有比较重要的文物出
土，他立刻就加以探讨研究，以之与纸上遗文相印证。他对国
内考古和文物刊物之熟悉，简直达到令人吃惊的程度。即使
参观博物馆或者旅游，他也往往醉翁之意不在酒，而是时时
注意对自己的学术探讨有用的东西。地下发掘出来的死东

西，到了饶先生笔下，往往变成了活生生的有用之物。再加上他对国外的考古发掘以及研究成果信息灵通，因而能做到左右逢源，指挥若定，研究视野无限开阔。国内一些偏远地区的学术刊物，往往容易为人们所忽略，而饶先生则无不注意。这一点给我留下了深刻的印象。

把饶先生利用的地下实物归纳起来，约可分为八项：古陶；甲骨、金文（鼎彝）；铁器、丝绸；秦汉残简；出土写本（缯书、帛书等）；碑铭；敦煌卷子；吐鲁番文书。我在下面依次谈一谈。

1. 古陶

在《说卍（svastika）——从青海陶文试谈远古羌人文化》一文中，饶先生从青海乐都县柳湾墓地出土的陶器上的花纹符号联想到古代雅利安人旧有的卍符号，又联想到世界其他各地的，特别是美索布达米亚的类似的符号，从而推论其间的关系，并论到古羌人的文化，时有柳暗花明之妙。可能有人对这种推论方法提出怀疑。但是这毕竟能启发人的想象，开阔人的视野。幻想力和联想力对学术探讨有时候是不可缺少的。

2. 甲骨、金文（鼎彝）

在《谈"十干"与"立主"——殷因夏礼的一、二例证》这篇论文中，饶先生利用出土资料，特别是甲骨文，以及古代典籍，比如三国谯周的《古史考》、汉代的《白虎通》等等，还有《礼记》《史记》等等，来研究夏代文化。在这里，饶先生特别强调甲骨文的重要性。他写道：

我们还得把考古遗存同传世文献结合起来进行考察和研究……值得特别提出的是甲骨文，在甲骨文中有许多关于商代先公先王的记载，在时间上应该属于夏代的范畴，可看作是商人对于夏代情况的实录，比起一般传世文献来要可靠和重要得多，我们必须而且可以从甲骨文中揭示夏代文化的某些内容，这是探索夏文化的一项有意义的工作。总之，我认为探索夏文化必须将田野考古、文献记载和甲骨文的研究三个方面结合起来，即用"三重证据法"（比王国维的"二重证据法"多了一重甲骨文）进行研究，互相抉发和证明。

饶先生的意见同陈寅恪先生的意见是完全一致的。特别值得注意的是他提出的"三重证据法"，虽然王静安先生对甲骨文的研究也是异常注意的。

在《道教原始与楚俗关系新证——楚文化的新认识》这篇论文中，饶先生一方面利用马王堆出土的缯书论证楚地的月名，另一方面又利用许多出土的钟磬铭推测出楚国使用的律名，利用宁乡出土的人面方鼎，推测出楚地信仰黄老之学由来已久，东汉三张之设鬼道，为人治病请祷，这样的活动秦汉之际楚地已极普遍。饶先生把这一些现象综合起来，探讨了楚文化问题，并指出王国维对楚的地域尽量缩小的做法，是不符合实际情况的。

在本书入选的论文以外，还有许多篇论文利用甲骨文、金文和鼎彝等以阐明历史事实，见《选堂集林·史林》等书，这里不再赘述。

3. 铁器、丝绸

在《道教原始与楚俗关系新证》这一篇论文中，饶先生除了利用上面提到的那一些地下遗物之外，还利用了从长沙186座战国墓中出土的铁器、从马王堆和江陵马山出土的丝绸，以论证楚文化，从而提出了崭新的见解，解决了一些以前没有解决或者根本没有提出来的问题。我认为，这是有说服力的。

4. 秦汉残简

在利用残简方面，饶先生更显得得心应手。在《唐勒及其佚文》一文中，他利用山东临沂出土的残简《唐革赋》，以及其他一些文献，辑出了唐勒的一些佚文。在《汉书》中，唐勒列于宋玉之前，其赋四篇全部佚失。饶先生对唐勒的辑佚工作为楚辞研究提供了新的资料。

在《说"零"》一文中，饶先生利用了甲骨文、敦煌卷子、《广雅释诂》、《开元占经》等等，论证了中国零字符号与印度等地同一个符号的关系，又利用长沙、信阳竹简及楚缯书研究了零字的形象；在这里，零字的形象"〇"不是圆形，而是横式长方形。

5. 出土写本（缯书、帛书等）

在《略论马王堆〈易经〉写本》一文中，饶先生把马王堆三号墓所出帛书《易经》与传世本《易经》对照，研究了这一部经典中的许多问题。在《再谈马王堆帛书周易》中，同样提出了，而且解决了一些新的问题。在《五德终始说新探》一文中，他利用了马王堆出土的《老子》甲本后佚书，探讨了五德终始说的来源问题。五德终始说向来被认为出自驺衍。饶先生则根据研究结果提出了此说实当起于子思的这一个新看法。

6. 碑铭

饶先生在这一方面的创获是非常突出的。他利用碑铭的范围很广，从中国藏碑一直远至法国所藏唐宋墓志，都在他的视野之内。《论敦煌石窟所出三唐拓》一文主要从中国书法史的观点上来研究伯希和被携走的三个唐代拓本。在《从石刻论武后之宗教信仰》一文中，他利用碑铭探讨了武后的信佛问题。几十年以前，陈寅恪先生在他的论文《武曌与佛教》中曾详细探讨过这个问题。他谈的主要是武后母氏家世之信仰和她的政治特殊地位之需要。他指出，武后受其母杨氏之影响而信佛，她以佛教为符谶；他又指出，《大云经》并非伪造；对唐初佛教地位之升降，他做了详细的分析。总之，陈先生引证旧史与近出佚籍，得出了一些新的结论。陈先生学风谨严，为世所重；每一立论，必反复推断，务使细密周详，这是我们都熟悉的。但在《武曌与佛教》这一篇文章中，陈先生没有利用石刻碑铭。饶先生的这一篇文章想补陈先生之不足，他在这里充分利用了石刻。他除了证实了陈先生的一些看法之外，又得出了一些新的看法。他指出，武后在宗教信仰方面一度有大转变，晚年她由佛入道。他又指出，武后有若干涉及宗教性之行动，乃承继高宗之遗轨。陈、饶两先生的文章，各极其妙，相得益彰，使我们对武后这一位"中国历史上最奇特之人物"（陈寅恪先生语）的宗教信仰得到了一个比较完整的了解。

在《法国远东学院藏唐宋墓志拓片图录引言》一文中，饶先生详细叙述了法京所藏唐宋墓志的情况。他认为，研究这些墓志的字体，有助于敦煌学者以经卷字体为断代标准的想法。在另一方面，他又强调："墓志可校补世系，与地志、史传、文集参证，史料价值尤高。"无疑这是非常正确的意见。《李郑屋村古墓砖文考释》一文则是饶先生专门探讨九龙古墓中出土的砖文的著作。

7. 敦煌卷子

饶先生对敦煌卷子十分重视，在他的文章中他广泛利用了敦煌卷子。我在这里仅仅从选入本书中的文章中挑选几个例证。

在《老子想尔注考略》中，饶先生根据敦煌卷子详细地研究了《想尔注》并得出结论说，《想尔注》成于张鲁之手，托始于张陵。在《梵文四流母音 ṛṝḷḹ（鲁流庐楼）与其对中国文学之影响》一文中，他研究了敦煌抄本鸠摩罗什的《通韵》。他追溯了 ṛṝḷḹ 这四个梵文字母在汉文中的各种译法。其中最早的译法是鲁流庐楼，见于《通韵》，以后还有不少不同的译法。这许多不同的译法，表达的音是相同的，它们就成了唐人作佛教赞歌时的和声。宋洪迈《夷坚志乙集》说："能于席上指物题咏、应命辄成者，谓之合生。""合生"是否即"和声"或"合声"的异体呢？不管怎样，自鸠摩罗什时代起，印度悉昙即影响了中国文学，长达八个世纪之久。在《从"睒变"论变文与图绘之关系》一文中，饶先生根据敦煌发现的变文，论述了中外诸家对于"变"字的解释，并提出了自己的看法。《论七曜与十一曜》是饶先生关于天文方面的一篇论文。他利用了许多敦煌卷子，其中有宋初开宝七年（974年）十二月十一日的批命本子，研究了七曜与十一曜的关系，探讨了屡见于中国载籍的《聿斯经》的内容，阐明了古波斯占星学对中国的影响。《北魏冯熙（？—495年）与敦煌写经》一文，是敦煌卷子《杂阿毗昙心经》的一篇跋。饶先生在这一篇论文里搜集了许多关于冯熙的材料，指出这一位北魏的大贵族倾心缮写佛经，《杂阿毗昙心经》是他让人抄写的佛经中的一种，是从外面流入敦煌的。

在许多没有被收入本选集的文章中，饶先生也利用了敦煌卷子，比如《选堂集林·史林》中的《穆护歌考》等等都是。

8. 吐鲁番文书

饶先生对吐鲁番文书也十分重视。在《说鍮石——吐鲁番文书札记》一文中，他从文书残帐中"归买鍮石"一语的"鍮石"一词出发，追溯了鍮石的梵文原文，以及它在中国文献中出现的情况，从而说明了中外文化的交流。

二、异族故书与吾国旧籍

饶宗颐教授在这方面取得了很大的成绩。这一方面的内容是很丰富的，中外关系的研究基本上也属于这一类。在饶先生的著作中，中外关系的论文占相当大的比重，其中尤以中印文化交流的研究更为突出。我就先谈一谈中印文化交流的问题。有一些涉及中印文化关系的文章，比如说《梵文四流母音 r̥ r̥̄ ḷ ḹ（鲁流庐楼）与其对中国文学之影响》等等，上面已经介绍过，这里不再重复。我在这里只谈上面没有谈过的。

在《安荼论（aṇḍa）与吴晋间之宇宙观》一文中，饶先生从三国晋初学者，特别是吴地的学者的“天如鸡子”之说，联想到印度古代婆罗门典籍中之金胎（hiraṇyagarbha）说，并推想二者之间必然有某种联系。中国古代之宇宙论，仅言鸿蒙混沌之状，尚未有以某种物象比拟之者。有之，自三国始。汉末吴晋之浑天说以鸡卵比拟宇宙。印度佛经中讲到许多外道，其中之一为安荼论。“安荼”，梵文原文 aṇḍa 之音译，义为鸡卵。他们就主张宇宙好像是鸡子的学说。印度古代许多典籍，比如说梵书、奥义书、大史诗《摩诃婆罗多》等等，都有神卵的说法。估计这种说法传入中国，影响了当时中国的天文学说，从而形成了浑天说。最初宣扬这种学说的多为吴人。这种情况颇值得深思，而且也不难理解。吴地濒海，接受外来思想比较方便，陈寅恪先生的《天师道与滨海地域之关系》，讲的就是这种情况。

　　《蜀布与 cīnapaṭṭa——论早期中、印、缅之交通》是另一篇讨论中印交通史的重要论文。在中印文化交流史上，中、印、缅之交通是一个至关重要的问题。伯希和（Paul Pelliot）、夏光南、李华德（Walter Liebenthal）、桑秀云等中外学者对于这个问题都有专门论著。饶先生在他的这一篇论文中对过去的研究成果都加以分析与评价：肯定其正确的，补充其不足的，纠正其错误的，同时提出了自己的看法，把对于这个问题的研究提高到一个新的水平。饶先生在论文中触及很多问题。他引证了《政事论》（Arthaśāastra）以及其他印度古籍中出现的 cīna（支那、脂那）一词，加以论列，确定其出现的年代。对 cīnapaṭṭa 一词，他也做出了解释。总之，这是一篇很有启发性的文章，我们从中可以学习很多东西。顺便说一句，文中说："又帛叠一名，应是 paṭṭa 的音译。"似可商榷。榊亮三郎《翻译名义大集》5867，paṭṭa（汉）失译（和）彩绢。paṭṭa是丝绢之类的东西，与蚕丝有关。此外，汉译《大般涅槃经》记述佛陀死后，以白叠（帛叠）缠身。梵文原文《大般涅槃经》与此处相当的一句话是 kāyo vihataiḥ kārpāsair veṣṭyate，kārpāsa 这个字相当于汉文的"白叠"；但此字一般译为"劫贝"，即棉花也，与丝绢无关。法国学者 Przyluski 也把此字理解为棉布。

还有一篇有关中印文化交流的重要文章，这就是《华梵经疏体例同异析疑》。中印两国经疏体例多有类似之处，其中必有密切联系。过去章太炎、梁任公、柯凤荪等皆有所论列。近来牟润孙先生亦有专文论述。印度古代婆罗门教之经，语句极简短之能事，非有注疏，义不能明，故经疏往往合刊。最著名的例子就是伟大的语法学家波你尼之经（sūtra）、伽迭耶那之注（vṛtti，vārtika）与帕檀阇利之疏（即《大疏》Mahābhāsya），三位一体，相为依存。在这一方面，中国肯定也受到了印度的影响。《文心雕龙·论说篇》说："圣哲彝训曰经，述经叙理曰论。"其中似有印度影响。柯凤荪说："义疏之学，昉自释氏。"他看出了问题关键之所在。饶先生在本文中追溯了印度注疏的源流，研究了佛教之经与婆罗门教之经不同之处，指出："以文体论，释氏之所谓'经'，多讲论叙之文，与婆罗门修多罗之为短句奥义，文体迥异。"读饶先生这一篇文章，我们也会得到很多启发。

饶先生论述中印文化关系的文章，不止这三篇。在一些不是专门讨论这个问题的文章中，他也往往谈到中印文化关系。这样的文章，我在上面已经谈到一些，这里不一一列举了。

大家都知道，中印文化交流关系头绪万端。过去中外学者对此已有很多论述。但是，现在看来，还远远未能周详，还有很多空白点有待于填充。特别是在三国至南北朝时期，中印文化交流之频繁、之密切、之深入、之广泛，远远超出我们的想象。在科技交流方面，我们的研究更显得薄弱，好多问题我们基本没有涉及。前几天，我会见了印度国家科学院前执行秘书 Dr. B. V. Subbarayappa，他是著名的化学家，又是蜚声国际的自然科学史专家。他同我谈到了很多中印科技交流的历史，尤其医疗矿物交流的情况。我深深感到，我们在这些方面的知识何等浅陋。我们要做的工作还多得很，我们丝毫也没有理由对目前的成绩感到满意，我们必须继续努力。我们要向饶宗颐教授学习，在中印文化关系史的研究上，开创新局面，取得新成果。

除了中印文化关系以外，饶先生还论述到中国在历史上同许多亚洲国家的关系。《早期中日书法之交流》这一篇论文，讲的是中日在书法方面的交流关系。《说"诏"》一文讲的是中缅文化关系。《说鍮石》一文讲的是中国同中亚地带的科技交流关系。《阮荷亭〈往津日记〉钞本跋》则讲的是中越文化关系。这些论文，同那些探讨中印文化关系的论文一样，都能启发人们的思想，开拓人们的眼界。我在这里不再细谈。

三、外来观念与固有材料

我在这里讲的外来观念是指比较文学，固有材料是指中国古代的文学创作。饶宗颐教授应用了比较文学的方法，探讨中国古代文学的源流，对于我们研究中国古代文学史也有很多启发。

在《〈天问〉文体的源流》一文中，饶先生使用了一个新词"发问文学",表示一个新的概念。他指出,在中国,从战国以来,随着天文学的发展,"天"的观念有了很大的转变。有些学者对于宇宙现象的形成怀有疑问。屈原的《天问》就是在这样的环境下产生出来的。饶先生又进一步指出,在《天问》以后,"发问文学"在中国文学史上形成了一个支流,历代几乎都有模拟《天问》的文学作品。饶先生从比较文学的观点上探讨了这个问题。他认为,这种"发问文学"是源远流长的。世界上一些最古老的经典中都可以找到这种文学作品。他引用印度最古经典《梨俱吠陀》中的一些诗歌,以证实他的看法。他还从古伊朗的 Avesta 和《旧约》中引用了一些类似的诗歌,来达到同样的目的。中国的《天问》同这些域外的古经之间是一种什么样的关系呢?苏雪林认为可能有渊源的关系,并引证了印度的《梨俱吠陀》和《旧约》。饶先生似乎是同意这种看法。我自己认为,对于这个问题现在就下结论,似乎是为时尚早。但是,不管怎样,饶先生在这一方面的探讨,是有意义的,有启发的,值得我们认真注意的。

在《汉字与诗学》一文中,饶先生从 Ezra Pound 的一段话出发,讨论了汉字与诗的问题。Ezra Pound 认为,埃及人用象形文字表示声音,而中国则保留了象形文字的象形作用。饶先生的看法是,汉字不仅重形,而且也重声。他研究了最古的汉字和最早用韵的叙事诗,探讨了"骈字"的来源,指出,在诗的构成中骈字是最重要的骨骼。他又研究了单音字与复词的产生和形声字之美学作用。他认为,形符和声符各引起不同的联想,这对于构成诗的语言有力而方便。他又进一步分析了韵的作用和对偶与声调。在饶先生分析、研究的这些语

中国文化的内涵

言现象中，有一些是中国汉字所独具的特点，这些东西对于构成汉诗起决定性的作用。

我觉得，饶先生在本文中提出来的问题，是一个非常重要的问题。前一些时候，我参加了一个座谈会。讨论的中心议题是中国文学的特点，它与外国文学不同之处何在。我个人认为，所谓中国文学的特点应该包括两个方面：内容和形式。内容不大容易说清楚，大体上应该就是表现在共同文化上的共同的心理素质。关于这一点，我一时还说不具体，也许是当局者迷，旁观者清吧！我现在先引一段德国伟大诗人歌德对于中国文学的看法。歌德说：

中国人在思想、行为和情感方面几乎和我们一样，使我们很快就感到他们是我们的同类人，只是在他们那里一切都比我们这里更明朗，更纯洁，也更合乎道德。在他们那里，一切都是可以理解的、平易近人的，没有强烈的情欲和飞腾动荡的诗兴，因此和我写的《赫尔曼与窦绿台》以及英国理查生写的小说有很多类似的地方。他们还有一个特点，人和大自然是生活在一起的。你经常听到金鱼在池子里跳跃，鸟儿在枝头歌唱不停，白天总是阳光灿烂，夜晚也总是月白风清。月亮是经常谈到的，只是月亮不改变自然风景，它和太阳一样明亮……正是这种在一切方面保持严格的节制，使得中国维持到几千年之久，而且还会长存下去。

我决不是说，歌德的话就是真理。但是他说的这番话难道就没有一点值得我们深思，值得我们回味的地方吗？

谈到形式，这比较容易说得具体，说得明白。饶先生在《汉字与诗学》一文中谈的正是这个问题。在这里，关键就是汉字。中国汉文诗的特点与汉字有紧密的联系。就拿韵律作一个例子吧。韵律是世界各国诗歌共有的点（自由诗除外）。印度梵文诗歌绝大多数是用长短音节来表示韵律，英文诗是用轻重音，中国则用平仄，表示的形式虽然不同，但是根本原理是一致的。这就是，诗歌的节奏必须有高有低，有起有伏，抑扬顿挫，不能平板，不能单调。如果只有一个音，那就成不了音乐。饶先生在他的文章中探讨了一些与诗的形式有关的问题，韵律也在探讨之列，所有这一切都是从汉字这个特点出发的。他虽然没有明确提出要探讨中国文学的特点、中国诗歌的特点，但是他做的工作正是围绕着这个问题进行的。我认为，对中国文学的研究者和欣赏者来说，这个问题是头等重要的问题，也是一个比较复杂的问题，又是一个尚未得到应有的重视的问题。我们应该把这个任务承担起来。

上面我从三方面介绍了饶宗颐教授的学术成就。尽管这三大方面有很大的概括性，但仍不能包容一切。本选集中还有不少的文章是无法归入这三大方面的任何一个方面的。我现在也把这一类的文章简略地加以介绍。这些文章约略可以分为六类。

第一类　中国史

《明嘉靖汪本〈史记·殷本纪〉跋——兼论殷商之总年》，根据明本的《史记·殷本纪》，探讨了商殷之积年，提出了自己的新看法。

《新莽职官考》，王莽篡位以后，官制复古，创造了一些从古书中抄来的官名。然而名号屡更，苛碎烦赜。饶先生对职官名称和担任这些官职的人，进行了探讨。

《补宋史邓光荐传》，邓光荐宋史无传，饶先生为补之。

第二类　高僧传记

《金赵城藏本〈法显传〉题记》，饶先生在这一篇论文中研究了《法显传》的几个不同的名称。他指出，岑仲勉先生坚持的《佛游天竺记》这个名称，原为胡本，为显师所携来，并不是《法显传》。饶先生进一步又研究了金藏本特异之点。

第三类　人物

第一个是乐产。《史记·封禅书》司马贞《索隐》提到乐产这个名字，但他的生平，向来未详。在《乐产及其著述考》这一篇论文中，饶先生搜索群籍，找到了乐产的片言只句，为我们了解这个人物提供了有用的资料。

第二个是李贽。《藏书》是明代这一位特异的思想家的主要著作。饶先生在《记李贽〈李氏纪传〉》一文中，经过了细致的对勘，确定《李氏纪传》实即未刊刻以前的《藏书》的稿本之一。对李卓吾的研究，这是一个有意义的贡献。

第三个是吴昌硕和沈石友。《〈缶翁与沈石友信片册〉跋》考证了二人之间在一段时期内的书信往还，兼及当时流寓上海的一些名流之间的关系。

第四个是刘昉。《钞本〈刘龙图戏文〉跋》一文，虽然跋的是戏文，实际上探讨的却是刘昉的生平。

第四类　地志

饶先生不到二十岁即参加中山大学广东通志馆的纂修工作，后又担任潮州志的总编纂。因此，他对地志有湛深的研究，又有丰富的经验。《〈潮州志汇编〉序》是他为元、明、清、民国各种潮州志汇编本写的一篇序。在这里，他研究了历代潮州志的存佚问题，而且确定了相传已佚的郭春震志实未亡佚，为今后编纂更详细的潮州志做出了重要的贡献。还有一篇与地志有关的文章是《港九前代考古杂录》。饶先生根据香港和九龙地区考古资料，探讨了许多地名的地望问题。

第五类　《太平经》

《〈太平经〉与〈说文解字〉》一文探讨了这两部书之间的关系。

《说文解字》中有许多不甚可解之说，可于《太平经》中获得解答。许慎有时用阴阳五行之说来解释字源，有人颇以为怪。其实这是东汉学术风气使然，不足诟病。

第六类　《说郛》和《梦溪笔谈》

《〈说郛〉——明嘉靖吴江沈瀚钞本〈说郛〉记略》一文介绍了伯希和等中外学者研究《说郛》的情况。对明沈瀚的钞本进行了分析对比，给以比较高的评价。

《郑夬〈易〉书公案——〈梦溪笔谈〉校证一则》一文对沈存中的《梦溪笔谈》中记郑夬谈《易》一条进行了校证，北宋时《易》学一大公案，即郑夬与邵康节的矛盾问题，得到了澄清。

饶宗颐教授收入本选集文章的主要内容、饶先生的学术成就和治学方法就介绍到这里为止。我的介绍基本上都是根据这一部选集来做的，很少涉及集外的文章。我的意思是说，饶先生学术论著的精华决不限于本选集，我只根据本选集来做介绍，也难免有其局限性。但是，仅从本选集来看，饶先生治学方面之广、应用材料之博、提出问题之新颖、论证方法之细致，已经能给我们留下深刻的印象，在在给我们以启发。我决不敢说，我的介绍全面而且准确，我只不过是尽上了我的绵薄，提出了一些看法，供读者参考而已。

如果归纳起来说一说的话，我们从饶宗颐教授的学术论著中究竟得到些什么启发，学习些什么东西呢?我在本文的第一部分首先提出来一个重要的问题：进行学术探讨，绝不能故步自封、抱残守缺，而必须随时接受新东西。我还引用了陈寅恪先生的"预流果"这一个非常形象的比喻。我在这里再强调一遍：对任何时代任何人来说，"预流"都是非常重要的。我们做什么事情，都要预流，换一句通俗的话来说，就是要跟上时代的步伐。生产、建设，无不有跟上时代的问题。学术研究何能例外？不预流，就会落伍，就会停滞，就会倒退。能预流，就能前进，就能创新，就能生动活泼，就能逸兴遄飞。饶宗颐先生是能预流的，我们首先应该学习他这一点。

预流之后，还有一个掌握材料、运用材料的问题。我们都知道，进行学术研究，掌握材料越多越好。材料越多，在正确的观点和正确的方法的指导下，从中抽绎出来的结论便越可靠，越接近真理。材料是多种多样的，但是我们往往囿于旧习，片面强调书本材料、文献材料。这样从材料中抽绎出来的结论，就不可避免地带有片面性与狭隘性。我们应该像韩愈《进学解》中所说的那样："玉札丹砂，赤箭青芝，牛溲马勃，败鼓之皮，俱收并蓄，待用无遗。"我在上面已经多次指出，饶先生掌握材料和运用材料，方面很广，种类很多。一些人们容易忽略的东西，到了饶先生笔下，都被派上了用场，有时甚至能给人以化腐朽为神奇之感。这一点，我认为，也是我们应该向饶先生学习的。

中国从前有一句老话："学海无涯苦作舟。"如果古时候就是这样的话，到了今天，我们更会感到，学海确实是无涯的。从时间上来看，人类历史越来越长，积累的历史资料越来越多。从空间上来看，世界上国与国越来越接近，需要我们学习、研究、探讨、解释的问题越来越多。专就文、史、考古等学科来看，现在真正是地不爱宝，新发现日新月异，新领域层出不穷。今天这里发现新壁画，明天那里发现新洞窟。大片的古墓群，许多地方都有发现。我们研究工作者应接不暇，学术的长河奔流不息，再加上新的科技成果也风起云涌。如今电子计算机已经不仅仅限于科技领域，而是已经闯入人文科学、社会科学的藩篱。我们从事社会科学研究工作的人，再也不能因循守旧，只抓住旧典籍、旧材料不放。我们必须扫除积习，开阔视野，随时掌握新材料，随时吸收新观点，放眼世界，胸怀全球，前进，前进，再前进，创新，创新，再创新。这就是我读本选集以后的主要感想，也是我写这一篇序言的主要用意之所在。愿与海内外志同道合者共勉之。

1984 年 9 月 10 日　时为旧历中秋，诵东坡"但愿人长久，千里共婵娟"之句，不禁神驰南天。

饶宗颐先生的为人与为学

敦煌学、吐鲁番学在中国
文化史上的地位和作用

敦煌学这个名词，第一个使用的是陈寅恪。他在为陈垣的《敦煌劫余录》一书所写的序中说：

> 敦煌学者，今日世界学术之新潮流也。自发现以来，二十余年间，东起日本，西迄英法，诸国学人，各就其治学范围，先后咸有所贡献。

这个名称从此就沿用下来。凡与敦煌石室所发现的文献以及敦煌石窟壁画、雕塑等有关的问题，都是敦煌学研究的对象，这是一门综合性的学科。

吐鲁番学这个名词，是一个新名词。20世纪初期，东西方一些所谓探险家在新疆吐鲁番地区发掘出大量的文献和文物，许多国家的学者从事这方面的研究，取得了显著的成绩。这种学问被称为吐鲁番学，它也是一门综合性的学科。

我之所以把敦煌学与吐鲁番学合在一起介绍，是因为敦煌和吐鲁番这两个地方都是丝绸之路上的重镇，而丝绸之路又是古代东西文化交流的大动脉，对于它的研究，是当今世界上引起人们注意的学问之一，有极其重要的意义。这一条大动脉像一条红线，把许多地名，比如龟兹、于阗、楼兰等以及境外的一些地名连接起来，标志着我国先民和外国商人、僧侣、外交使节等活动的情况以及东西方文化的交光互影。

注重对我国西北文化的研究，在清后期就已经形成为一种历史趋势，要深入研究西北文化和历史，就必须有新的发现和新的材料。王国维说："自古新学问之起，大都由于新发现之赐。"陈寅恪也说过："一时代之学术，必有其新材料与新问题。"在敦煌和吐鲁番发现的文献和文物，可以说就是王国维和陈寅恪所讲的"新发现""新材料"，它在学术研究中占有极其重要的地位，因而形成了敦煌学和吐鲁番学。在长达七八十年的发展过程中，这两门新学问日益显示出蓬勃的活力、绚烂的光彩，产生了多方面的影响。今天，无论在我国还是在外国，它已经成了一门地地道道的显学。在许多国家，每年都有大量的专著出版。在外国许多大学里，都设有专门讲座讲授这两门学问。敦煌学、吐鲁番学的内容异常丰富，甚至有点庞杂。要笼统地来谈它在中国文化史上的地位和作用，不容易说清楚，不能不从几个方面来加以叙述。

第一，对研究中国历史和地理的价值。在敦煌和吐鲁番（以及新疆其他地区）新发现的史料，给中国丰富的史料增添了异样的光彩，弥补了许多以前意想不到的空白。比如，在唐朝，吐蕃乘安史之乱占领了敦煌，到了大中二年（848年），张议潮驱逐吐蕃镇将，归唐后受赐号为归义军节度使。其后，张氏归义军和曹氏归义军相继统治敦煌地区，大约一直延续到

1036年西夏取敦煌。张、曹两家统治敦煌，前后达二百年。这一段历史牵涉到的中国国内民族及民族文化交流的关系，都是过去所不详者，是靠着敦煌文献的帮助才弄清楚。这些文物和文献，还可以帮助我们了解唐代的政治、经济、社会制度等方面的情况。有关土地制度的文献，使我们知道了均田制实行的细节；一些籍账、差科簿、契约、社司转帖，可以帮助我们了解徭役、兵役制度；许多关于唐律的文书，可以与现存的唐律互证；水部式记载了水利管理条例；许多文书还告诉了我们唐代的烽堠制度、借贷制度、氏族制度、官制及老百姓储粮的情况；还有许多社会史的史料，使我们能够了解唐时的物价，劳动力的价值，僧尼的生活，人民的服饰、食品、游乐情况，以及喜庆宴会、婚丧嫁娶等一些风俗习惯。

中国地理学的研究有极其悠久的历史。唐代是地理知识日趋丰富、地理著作日益增多的一个时代，这种情况也反映在石室藏书上。石室中藏有不少地理佚书，比如《沙州图经》《西州图经》《贞元十道录》《诸道山河地名要略》《沙州伊州地志》《敦煌录》《西天路竟》《沙州地志》《释家地志》《寿昌县地境》《沙州城土境》等，连著名的玄奘的《大唐西域记》，石室中也藏有残抄本。所有这些地理书，对研究中国中古史地有重要作用。

第二，对研究中国文学艺术的价值。敦煌石室藏书的发现对研究中国文学史的影响，超过其他方面。首先是变文的发现。所谓变文是一种韵文和散文混合在一起用于说唱的通俗文学体裁。有人把它归入俗讲（为什么叫"变文"，至今中外学者尚无一致的意见）。变文的内容大体上可以分为两类：

一类是佛教故事，比如《降魔变文》《地狱变》等，其中很多是写本。一类是中国历史上的故事，比如《舜子至孝变文》《王昭君变文》等。这种新文体实际上开了宋代"平话"的先河，可过去我们对此毫无所知。其次是诗歌。著名文学家韦庄的《秦妇吟》，在他的全集中未收入，却在敦煌石室中发现了。诗中保存了许多晚唐农民起义的史料，对研究唐代历史和文学都有极大的帮助。属于俗文学范畴的还有一些辞赋、歌曲、俚曲、小说等。长篇叙事歌曲《董永行孝》《大汉三年季布骂阵词文》，以及《晏子赋》《韩朋赋》等，都是新发现的文学史史料。

说到通俗文学，过去不大为研究中国文学史的人注意，甚至被摒于文学史之外。在诗歌和散文方面，我们的先民确实有极其辉煌的成就，但它们毕竟不能代表中国文学史的全部，事实上，好多正统文学都是从通俗文学发展而来的。敦煌石室的发现，使我们对这一点认识得更加清楚了。

在艺术方面，包括壁画、绢画、雕塑、书法、石窟、建筑、音乐、舞蹈等，内容丰富，数量巨大。从六朝一直到宋、元各朝，都可以在这里找到它们的作品，这些对研究中国艺术和中国艺术史具有极其重要的意义。敦煌石窟里的壁画，以及吐鲁番和新疆其他地区一些石窟中的壁画，真是琳琅满目、美轮美奂。从题材上来看，佛经故事居多。也有一些世俗的内容，比如说张议潮出游图等。山水画也不少。在这些画的画面中，人物和事物多种多样，有采果、伐木、狩猎、耕作、捕鱼、取水、操舟、角抵、习射、修塔、扫除、建屋、肩舆、贸易、背纤、守卫、收获、扬谷、沐浴、游泳、屠场、挤奶、车、马、车夫、马夫、武士、力士、农民、小贩、小市民、各种植物和野兽等等，从中可以看出当时人民的生活实况。在雕塑方面，敦煌和吐鲁番等地石窟中的雕塑，透露出犍陀罗艺术的影响。关于音乐和舞蹈，从壁画中大体可以看出一些音乐场面和舞蹈场面，其中反弹琵琶的形象是非常有名的。还有许多乐器、乐谱和舞谱。

第三，对研究语言学、音韵学的价值。敦煌石室中保存了一些同中国语言学和音韵学有关的古籍残卷，比如《字宝碎金》《俗物要名林》《千字文》等；在吐鲁番发现了西汉人史游的《急就篇》残卷。在敦煌卷子中常常可以碰到一些俗字和俗语，对研究中国文字、语言发展和演变的重要作用，是在别的文献中找不到的。一些音义的书和韵书，如玄应和慧琳的《一切经音义》残卷，陆法言的《切韵序》等，也都很有价值。

敦煌石窟中发现的一些少数民族语言的卷子，其中有古藏文、窣利文、西夏文、于阗文、龟兹文、回鹘文。古藏文卷子不但保留了藏族的材料，而且还能用来补证汉文《尚书》等古籍。在新疆发现的古代民族语言也有回鹘文、吐火罗文（A 焉耆文，B 龟兹文）、窣利文、于阗文。回鹘文残卷保存了大量有关政治、经济、宗教、哲学、文学、艺术的材料。于阗文和窣利文都属于伊朗语系。今天我国新疆帕米尔高原还有说属于伊朗语系方言的民族。至于吐火罗文，其价值更为突出。它的发现，给印欧语系比较语言学提出了新问题，促进了这一门学问的发展。前几年发现的吐火罗文（A 焉耆文）的《弥勒会见记》剧本，同回鹘文本一样，给我国文学史提出了新的研究课题。一些现已不存在的民族的语言，我们曾毫无所知，只是由于敦煌和吐鲁番文献的发现，它们才重见天日。

第四，对研究宗教问题的价值。首先是佛教，唐代敦煌地区佛教流行，僧尼在人口中占有不小的比例，寺庙也很多。寺庙都有自己独立的经济，役使人数不少，有的还放高利贷。石室藏书中，佛典约占95％，多数是手写本，少数为刻本，有的还有题记，有的佛经已经失传，有的译本与现在的不同。佛经中最多的是《妙法莲华经》《大般若波罗蜜多经》《金刚经》《金光明经》《维摩诘经》等，这些都是僧尼日常念诵的。这些古老的刻本和写本，对研究佛经的版本，有一定的用处。石室中道教的经典有大量发现，如《太玄真一本际妙经》等。最引人注目的是老子的《道德经》《老子道德经序诀》《老子道德经义疏》，河上公简注和释文等。此外还有一些佛道争衡的材料。儒家经典也有不少，如《孝经》、北齐写本《春秋左传集解》和唐写本《春秋谷梁传集解》、《尚书》、《论语》等。这些都对校勘古籍有极其重大的价值。此外，还有少量过去曾一度流行过而现在已经绝迹了的摩尼教和火祆教的经典，引起了中外学者的兴趣。他们写出了一些很重要的文章，讨论这些宗教在中亚一带和我国新疆及内地流传的情况，弥补了宗教史研究中的一些空白。

第五，对研究古代科技及其他方面的价值。除了政治、经济、社会情况以外，还有不少有关科技方面的资料。石室中有《本草》残卷、医方残卷；有天文历算的书籍，如二十四气七曜日历。从石室写本用的纸张可以看出中国古代造纸、潢纸、印刷术的进展。我国是发明印刷术最早的国家，北宋沈括详细记述了活字印刷的情形，实际上雕版印刷始于唐后期。敦煌石室保存了一份唐成通九年（868年）刻印的《金刚般若波罗蜜经》，是全世界现存有明确纪年的最早的印刷物。它刻印的精美、纯熟程度告诉人们，印刷术在此之前至少经历了约一百年的发展过程。中国书籍的装帧是由卷轴到册页，这个特点的演变过程，从敦煌文献中也可看出来。简策、卷轴、蝴蝶装、裱褙装的书籍都可从中找到，有些写本书用的是朱栏或乌丝栏等，有的书中经朱墨点校，这些可以看出唐代书籍的式样。此外，还有一些绢、量器、军器，形象地说明了当年的社会生产水平。

第六，对研究中外文化交流史的价值。敦煌石窟的存在本身就是中外文化交流的结果。没有中外文化交流，就没有敦煌，它成了文化交流的见证者。敦煌、吐鲁番和新疆其他地区是东西文化交流的孔道，沿着丝绸之路，文化交流的痕迹，像石窟、古庙、古城到处可见。在建筑、石窟艺术和雕塑、壁画风格上，到处可以看到外国文化的影响以及中外文化交融的痕迹。在敦煌石室中发现了梵文本《心经》，在新疆吐鲁番地区发现了大量的梵文佛经写本，也有文学作品。如佛教大诗人马鸣的著作，在印度久佚，它的发现，弥补了印度梵文文学史上的一个空白。莫高窟壁画上，画着玻璃器皿，有的表现出萨珊伊斯兰的艺术风格，说明西亚地区的玻璃器皿已经输入中国；新发现的丝织品上也有伊朗风格的图案。这些都说明东西文化互相影响的情况。在敦煌石室中还发现了唐代新罗（今朝鲜）僧人慧超的《往五天竺国传》。他由海路到达印度，后从陆路返回，途经新疆一带来到中国。他的著作受到了研究中西文化交流史的学者的高度重视。中外僧人旅行记录数目不少，有的已佚，有的现存这里。我还想提一下有关中印技术交流的敦煌残卷（《敦煌遗书总目索引》，商务印书馆1962年版，P. 3303号）。这个残卷只有九行字，里面讲到印度甘蔗的种类以及造糖的方法。过去虽然有人注意到了，但没有加以探讨。其实这是一件十分重要的文献，它透露了中印在科学技术方面交流的一个侧面。

我们知道，世界上历史悠久、地域广阔、自成体系、影响深远的文化体系只有四个，即中国、印度、希腊、伊斯兰，再没有第五个。而这四个文化体系汇流的地方只有一个，就是中国的敦煌和新疆地区，再没有第二个。从我上面讲到的许多情景中，都能够看到几种文化汇流及其产生的影响。从人类发展的历史看，文化汇流，能够促进彼此文化的发展，提高人民的物质生活和精神生活水平。从人类发展的远景来看，文化汇流的研究，更有特殊的意义。到了人类共同进入大同之域的时候，各个民族、各个国家分别创造的文化难道还能不汇流在一起吗？目前研究这种汇流现象和汇流规律的地区，最好的、最有条件的恐怕就是敦煌和新疆。

以上简要阐述了敦煌和吐鲁番地区新发现的文物和文献的重要意义。敦煌492个大大小小的洞窟竟有这样多、这样精彩的宝物，那个小小的石室竟藏有四万余件极其宝贵的典籍，在新疆辽阔的大沙漠废墟中也有那样多珍贵文物。想到这一切，我们真不禁感到吃惊。作为一个中国人，看到我们祖国有如此丰富的文化宝藏（这仅仅是一小部分），看到我们的先民在文化创造方面，既能给予，也能"拿来"，终于创造出这样光辉灿烂的文化，我们怎能不感慨万端，怎能不油然生起民族自豪感！我们今天讲精神文明的建设，是非常必要的。精神文明建设的内容很多，爱国主义教育是其中重要的内容之一。爱国主义情感之所以能够产生，看到自己民族过去的光辉、过去的成就，是一个重要因素。因此，我们从事敦煌学、吐鲁番学的研究，其意义决不仅仅限于学术方面，在启发爱国主义情感方面，在鉴古知今方面，也能够起重要的作用。我想，这个想法会得到我国各民族的同意吧。

1985 年 10 月 9 日

对于《梦溪笔谈校证》的一点补正

宋沈括的《梦溪笔谈》是我国古代一部异常重要的书，胡道静先生的《校证》也是非常优秀的著作，探幽抉微、功力深厚，这是学术界一致的意见。对于这样的书，我们总希望它能够尽善尽美。本着这个精神，我想提一点补正的意见，供胡先生和读者参考。本书卷下第772页，有两句话，胡先生原来的标点是：

其下又有贫四姓：如工、巧、纯、陁是也。

胡先生的意思显然是，工、巧、纯、陁是贫四姓的名称。这是错误的。在古代印度，在四大种姓之外，确实有一些职业不包含在四姓之内，比如铁匠、金匠、银匠、车工、理发匠、医生等等。但是没有工、巧、纯、陁这四个贫四姓。所谓"工巧"，又称"工师"，是古代印度的手工业工人。至于"纯陁"，则是一个人名。这个人在佛经中颇有点名气，他是在如来佛涅槃前请佛吃最后一顿饭的人。此事见于《长阿含经游行经》："时有工师子，名曰周那。"

"周那"，梵文和巴利文都是 Cunda。《佛般泥洹经》卷上作"华氏子淳"。《般泥洹经》下作"有华氏子淳"。《大般涅槃经》卷中作"彼城之中，有工巧子，名曰淳陀"。淳陀就是纯陁，都是 Cunda 的音译。手工业工人在古代印度地位最低，所以沈括才称之为贫姓。他的意思是说："像手工业工人纯陁就是。"他并没有把四贫姓都列举出来。因之，那两句话的正确标点应该是：

其下又有贫四姓，如工巧纯陁是也。

事情看来无关重要，但是，如果有人根据胡先生的校证来写印度古代史，那不就成了大事情了吗？

1985 年 12 月 30 日

论书院

中国是世界上著名的文明古国。在全世界所有的国家中，中国是唯一的有长达几千年的延续不断的教育传统的国家。这个传统当然随着历史的发展而演变，到了19世纪末年，终于来了一个大转变：西方的资本主义教育制度传了进来，到现在也已有将近一百年的历史了。这个新教育制度，在中华人民共和国建立以后，虽经改造，基本上被保留下来。它起了很大的作用，但不能说完美无缺。为了适应社会主义建设的需要，重新对中国古今教育制度做一个全面的、实事求是的检查，显然是非常必要的。这个检查目前还只能非常简略。

中国历史上的教育制度*

中国几千年的教育制度，从组织结构上来看，大体上可以分为两类：一官；一私。远古时期，渺茫难窥，这里不谈。公元前三千纪末到二千纪中，夏代已有"庠""序""校"三

---

* 这几节论述的主要根据是毛礼锐主编的《中国教育史简编》，教育科学出版社，1984 年。

种学校。到了公元前两千纪中叶到末叶的商代，又增加了"学"和"瞽宗"，"学"有大小之分。除了训练学生祭祀和打仗之外，还进行读、写、算的教学。西周集前代之大成，初步具有了学制系统。学制系统分国学与乡学两类。国学是中央官学，乡学是地方官学。国学分大学与小学两级，大学中有天子设立的五学和诸侯设立的泮宫，乡学中有塾、庠、序、校之分。这样一套制度对其后的中国教育有深远的影响。我国古代一直沿用此制，稍加变化，改换一些名称。西周国学的教育内容包括四个方面：三德、六行、六艺、六仪。其中六艺是最基本的。所谓六艺是指：礼、乐、射、御、书、数。从字面上也可以看出来，这里面文武兼备，知识与技能并举。这种教育制度是密切为当时的政治服务的。乡学以社会教化为务，内容有六艺、七教、八政以及乡三物等。总之，西周的教育已由殷商的宗教武士教育，转变为文武兼备的教育。

秦代实施以吏为师、以法为教的文教政策，是学校教育的一个倒退。

到了西汉，汉武帝正式制定了博士弟子员制度，兴办了太学。这在教育史上是一件大事。汉代官学分中央官学与地方官学两类，这里明显地受了西周的影响。

魏晋南北朝时期，封建官学时兴时废。

到了唐代，在初唐的一百多年内，生产发展，经济繁荣，成为世界上一个，也许是第一个强大的帝国。统治者对教育特别重视，官学达到了相当完善的地步，为以后的官学制度奠定了基础。这时的官学仍然分为两级：中央官学和地方官学。与前代不同之处在于组织更细致了，内容更丰富了。中央官学中的国子学、太学、四门学、广文馆都专修儒经，这可以说是唐代教育的主干。此外还有专修律学、算学、书学的学校，医学校，卜筮学校，天文、历算、漏刻学校，兽医学校，校书学校，等等，另外还有一些特殊学校。所有这些学校目的都是为当时的政治经济服务的。在教学行政方面，唐承隋制，设立国子监，管理六学，以祭酒为教育最高长官。国子监的职能一直保留到清代学部成立。不过明清两代，国子监常与国学、太学混称。

宋代的官学对学生入学资格逐渐放宽，教育对象不断扩大，学校类型增加了，教学内容扩大了，增设了武学和画学。

元代对我国古代地方官学有特殊贡献，创设了诸路阴阳学，发展了天文、历算等科技教育，又创设了社学，以满足农业的需要，此外还创设蒙古国子学与回族国子学。

明承元制，仍设社学，但以教化为主。国子学以学习儒家经典为主。地方官学，除治经外，礼、乐、射、御、书、数还设科分教。

清代教育制度多承前代旧制。国子监生的对象范围比以前更宽。地方官学比较普遍，教学内容仍以儒家经典为主。另设觉罗学、旗学、土苗学等等。雍正、乾隆还设有俄罗斯学馆（堂），教汉满子弟习俄文。

我在上面简略地讲了我国古代的官学制，现在再讲一讲私学制。

古代私学包括家传与师授两种，起源极早。但是作为一种教育制度，则兴起于春秋战国之际。生产发展给私学奠定了经济基础，又由于复杂的政治斗争，需要兴私学，养士人。

此外，文化下移也推动了私学的发展。在这样的情况下，私学在全国各地兴起，到了孔、墨两大显学崛起，私学发展如日中天。由此而形成的儒、墨两大学派互相攻伐，支配中国思想界达数百年之久。战国中期，百家争鸣，诸子私学蜂起，成为中国历史上最有活力的时代之一，影响深远。

到了汉代，经师讲学之风特盛。东汉私学学生人数超过太学。汉代官学和私学各有偏重，官学以今文经为主，而私学则以古文经为主，东汉末出现了综合今古的趋势，郑玄为代表。

在魏晋南北朝时期，私学稍衰，但仍盛于官学。

隋唐之际，官学繁荣，私学也极发达。隋王通私人讲学，唐代开国名臣中有一些人就出王通之门。唐代有的学者身在官学，却又私人授徒。

宋代私人讲学极为发达。南宋书院大兴。书院原为私学性质。但是，元、明、清书院渐有官学性质。到了后来，有的遭禁毁，有的沦为科举预备场所。

书院的滥觞与发展

书院是中国封建社会的一种教育组织形式，但并非中国所专有。我认为，古代希腊苏格拉底、柏拉图、亚里士多德等师徒授受的所在地叫 akademe，也是一种类似中国古代书院的组织，只是后来没有像中国这样发达而已。书院以私人创办为主，有时也有官方创办的。其特点是，在个别著名学者领导下，积聚大量图书，聚众授徒，教学与科研相结合。从唐五代末到清末有一千年的历史，对我国封建社会的教育，产生过重大的影响。要读中国教育史，要研究现在的教育制度，应着重研究书院制度。从这个研究中，我们可以学习到很多有用的东西。

书院这个名称，始见于唐代。当时就有私人与官方两类。在最初，书院还仅仅是官方藏书、校书的地方；有的只是私人读书治学的地方，还不是真正的教育机构，清代诗人袁子才在《随园随笔》中写道：

> 书院之名起唐玄宗时，丽正书院、集贤书院皆
> 建于朝省，为修书之地，非士子肄业之所也。

但是，唐代已有不少私人创建的书院，《全唐传》中提到的有11所。这些也只是私人读书的地方。

真正具有聚徒讲学性质的书院，起源于庐山国学，又称白鹿国庠，地址在江西庐山，为著名的白鹿书院的前身。陆游的《南唐书》中有关于庐山国学的记载。总起来看，聚众讲学的书院形成于五代末期。有人主张，中国的书院源于东汉的"精舍"或者"精庐"，实则二者并不完全相同。

北宋初年，国家统一，但还没有充足的力量来兴办学校，于是私人书院应运而起。庐山国学或白鹿国庠，发展为白鹿洞书院。接着有很多书院相继创建，有四大书院或六大书院之称。除白鹿洞书院外，还有岳麓书院、应天府书院、嵩阳书院、石鼓书院和茅山书院。

到了南宋，书院更为发达。其数量之多、规模之大、组织

之严密、制度之完善，都是空前的，几乎取代了官学，成为主要教育机构。南宋书院发达，始于朱熹修复白鹿洞书院。后来朱熹又修复和扩建了湖南岳麓书院。书院之所以发达，原因不外是，理学发展而书院教学内容多为理学；官学衰落，科举腐败；许多著名学者由官学转向私人书院；印刷术的发展提供了出书快而多的条件，而书院又以藏书丰富为特点。有此数端，书院就大大地发展起来了。

元代也相当重视文化教育事业，奖励学校和书院的建设。不但文化盛的江南普遍创建或复兴了书院，连北方各地也相继设立了书院，但书院管理和讲学水平都很低。

到了明初，情况又有了改变。政府重点是办理官学，提倡科举，不重视书院，自洪武至成化一百多年的情况就是这样。成化（1465—1487年）以后，书院才又得复兴。至嘉靖年间（1522—1566年）达到极盛。明代书院由衰到兴，王守仁、湛若水等理学大师起了重要的作用。为了宣扬他们的理学，他们所到之处，创建书院。明代末年影响最大的是东林书院。在这个书院里，师生除教学活动外，还积极参与当时的政治活动。这当然受到统治者的迫害，天启五年（1625年），太监魏忠贤下令拆毁天下书院，首及东林，兴起了中国历史上有名的迫害东林党人的大案。

到了清初，统治者采取了对书院抑制的政策。一直到雍正十一年（1733年）才令各省会设书院，属官办性质。以后发展到了两千余所，数量大大超过前代，但多数由官方操纵，完全没有独立自主的权力，因而也就没有活力。也有少数带有私人性质的书院，晚清许多著名的学者在其中讲学。

统观中国一千多年的书院制，可以看到，书院始终是封建教育的一个重要组成部分，与统治者既有调和，又有斗争。书院这种形式还影响了日本、朝鲜和东南亚一些国家。

这样的书院制有些什么特点呢？毛礼锐主编的《中国教育史简编》对中国书院的特点做了很好的归纳。我现在简要地叙述一下。他认为特点共有五个：

1. 教学与科研相结合

书院最初只是学术研究机关，后来逐渐成为教学机构。教学内容多与每一个时代的学术发展密切联系。比如南宋理学流行，书院就多讲授理学。明代王守仁等讲一种新的理学"心学"，于是书院也讲心学。到了清代，汉学与宋学对立，书院就重经学，讲考证。

2. 盛行"讲会"制度，提倡百家争鸣

在南宋，朱熹和陆九渊代表两个不同的学派。淳熙二年（1175年），两派在鹅湖寺进行公开辩论。淳熙八年（1181年），朱熹邀请陆九渊到自己主持的白鹿洞书院去讲学，成为千古佳话。明代"讲会"之风更盛。王守仁和湛若水也代表两大学派，互相争辩。这种提倡自由争辩的讲会制度，一直延续到清代。

3. 在教学上实行门户开放

一个书院著名学者讲学，其他书院的师生均可自由来听，不受地域限制和其他任何限制。宋、明、清三代都是如此。

4. 学习以个人钻研为主

书院十分注重培养学生的自学能力，非常重视对学生的读书指导。宋、元、明、清一些大师提出了不少的读书原则。有的编制读书分年日程。有的把书院的课程分门别类,把每天的课程分成若干节。他们都注意学生的全面发展,导师决不提倡学生死记硬背,而是强调学生读书要善于提出疑难,鼓励学生争辩,教学采用问难论辩式。朱熹特别强调"读书须有疑""疑者足以研其微""疑渐渐解,以致融会贯通,都无所疑,方始是学"。吕祖谦更提出求学贵创造,要自己独立钻研,各辟门径,不能落古人窠臼。总的精神是要学生不断有发明创造。

5. 师生关系融洽

中国教育素以尊师爱生为优良传统。这种精神在私人教学中表现得尤为突出。书院属于私人教学的范畴,所以尊师爱生的传统容易得到体现,在官办学校中则十分困难。朱熹曾批评太学师生关系:"师生相见,漠然如行路之人。"他指出,其原因在于学校变成了"声利之场",教学缺乏"德行道艺之实"。他自己身体力行,循循善诱,对学生有深厚感情。但是,他对学生要求极严,却不采取压制的办法。他说:

> 尝谓学校之政,不患法制之不立,而患理义之不足以悦其心。夫理义不足以悦其心,而区区于法制之末以防之,其犹决湍之水注千仞之壑,而徐欲萧苇以捍其冲流也,亦必不胜矣。(《晦庵文集》,卷74)

这些话到了今天还很值得我们玩味。明代王守仁也注意培养师生感情。明末的东林书院，师生感情更是特别深厚。

上面我撮要叙述毛礼锐等的对书院特点的五点总结。在组织管理方面，书院也有特点，如管理机关比较精干，经费一般能独立自主等等。

新教育制度的兴起

随着西方殖民主义者侵略的加强，随着清代封建统治的日益腐朽，自19世纪中叶起，中国有识之士就痛切感到，中国的政治经济等非改革不行，教育当然也在改革之列。魏源认为，理学"上不足致国用，外不足靖疆国，下不足苏民困"，简直是一点用处都没有。他主张向西方学习，改造中国的传统教育。魏源以后直至19世纪末叶，有不少人说八股文无用，主张翻译外国书籍，引进外国制度。洋务运动兴起以后，新教育也随之而兴，创建新型学校，设立同文馆，学习外国语文，开展工业技术教育，创办船政学堂、机器学堂、水师学堂、武备学堂、水陆师学堂，派遣留学生，等等。1898年百日维新以后，设立京师大学堂，为现在北京大学的前身。又逐渐废科举，废八股文。经过了许多波折，以西方资本主义教育为模式的中国新教育制度基本上建立起来，在中国教育史上开辟了新的一章。

书院在今天的意义

我在上面非常简略地叙述了中国几千年教育发展的历

史，从奴隶社会，经过封建社会，一直讲到近代受西方资本主义教育影响的新教育制度。我着重讲了书院制度。到了今天，我们已经进入了社会主义初级阶段。我们的教育已经超越了封建教育和资本主义教育。中国历史上的书院在今天还有意义吗？为什么最近几年来又出现了书院这个名称和组织呢？这是一种倒退呢，还是一种进步？这一些都是我们非思考不行的问题。

为了说明问题，我先举一个眼前的例子。1984年，北京大学哲学系中国哲学史教研室的一些教师创办了中国文化书院。没有接受政府一文资助，在不长的时期内就做出了巨大的成绩，取得了惊人的发展。书院团结了一些大学和社会科学院以及其他机构已退休或尚未退休的教授和研究员，同台湾学者加强了联系，同海外华裔和非华裔学者建立了经常的巩固的关系，开办了一系列的讲座，出版了一批学术著作，建立了口述历史和为老学者录音录像的机构，等等。建立一个藏书丰富的专业图书馆的工作也正在进行。全院的同仁们正在斗志昂扬地从事书院的建设和开拓。这样的成绩当然引起了社会上的注意。在不太长的时期内，以书院命名的机构接踵兴起，形成了一股"书院热"。这些书院的兴起是否就是受了中国文化书院的影响，我不敢说，它们的详细情况，我也不清楚。我只想指出，有这样多的书院已经建立起来，这个现象值得我们思考而已。

为了回答我在上面提出的有关书院的问题，我现在想结合古代中国书院的那些特点和当前中国文化书院的经验，谈一谈书院在今天的意义。我想从六个方面来谈：

1. 书院可以成为当前教育制度的补充

我国今天的教育制度，从内容上来看，应该说是社会主义的，但是从组织上来看，基本上是西方那一套。我们同资本主义国家一样，需要大批的建设人才。封建主义那种小批量培养人才的方式，远远不能满足要求。我们只能采用西方资本主义国家的大批量的生产方式，这种方式须要有严格的教学计划、课程设置、学分计算、教学组织，一切都要标准化、计量化。资本主义国家大学里计算学分的办法，一方面能比较精确地确定学生的学习量，满了一定的学习量才能毕业；另一方面也用来确定教师的教学量，以便取得报酬。这一切都是资本主义的核心精神金钱问题所决定的。我们之所以采用这种制度，当然不是为金钱问题所左右，而是为了适应大批量培养人才的需要。

仅仅采用这样的制度够不够呢？我认为是不够的。在中国几千年的历史上，办教育一向是官、私两条路，这也可以说是一种两条腿走路吧，两者互相补充，历史证明是行之有效的。可是现在我们只剩下一条腿，只剩下官方一途，私人教育基本上不存在了。我个人认为，这无疑是一个损失。在过去执行这个政策，道理还能讲得通。今天在大家觉悟普遍提高的基础上，国家又正在进行改革，在教育方面是否也可改革一下呢？如果可以的话，提倡创办书院，鼓励私人办学，继承我国的优秀传统，实在是可以试一下的。

书院这种形式能适应今天的情况吗？我不妨先举一个例子。清华大学在建成大学以前是留美预备学校。到了20年代初，又创办了一个研究国学的机构，聘请王国维、梁启超、陈寅恪、赵元任为导师。这也是一种双轨制:一条轨道是西方式的新制度,有严格的教学计划,开设课程,计算学分,规定毕业年限,决定招生办法,都按计划进行;另一条轨道是什么计划也没有,招生和毕业都比较灵活。在一所学校内实行两套办法,如果想做比较研究,这实在是最好的样板。比较的结果怎样呢?正规制大学大批量地培养了国家建设所需要的干部,也出了一些著名的学者、教授。那个不怎么正规的国学研究部门,培养出来的人数要少得多,但几乎个个都成了教授,还不是一般的教授。这个结果实在值得我们深思。

清华的国学研究部门无书院之名,而有书院之实。它不能算是私人创办的,其精神却与古代书院一脉相通。另外一个例子是章太炎在苏州创办的国学研究所,也培养了一些人才。我在这里举的例子都属于国学范畴,其他学科我认为也是可以尝试的。这说明,私人办的书院在今天仍有其意义。古代书院那一些优良传统,比如说讲会制度、提倡自由争辩、门户开放、注意培养学生独立钻研的能力、师生关系融洽等等,我们在书院中都应该继承和发扬。只希望我们教育当局找出一种承认书院学生资格的办法,不用费很大的力量,培养人才的数量就可以增加,质量也可以提高。何乐而不为呢?

2. 书院可以协助解决老年教育问题

据说现在世界上有一个新名词,叫作"终生教育"。中国的成人教育有一部分同它类似,但似乎不包括老年教育,所以二者不完全相同。外国许多老人,在退休之后,到大学里报名入学,读硕士或博士学位。中国还没听说有这种情况,但是,今天中国人的平均寿命已经大大地提高,老人将会越来越多。有朝一日，老人教育也会成为问题的。我认为，书院可以帮助解决这个问题。

3. 书院可以发挥老专家的作用

中国人平均寿命越来越高，老教授、老专家退休后活的时间也会越来越长，这是件好事，但也带来了新问题。这些老教授、老专家退休后作用如何发挥呢？方法当然有多种多样，有的可以继续著书立说，有的可以当顾问，有的可以联合起来搞一些社会福利事业。但是，没有适当的机构加以组织，他们的作用发挥有时会碰到困难，交流信息也会受到阻碍。在今天社会上想单枪匹马搞出点名堂，几乎是不可能的。

我在这里想特别提一下博士生导师的问题。这些导师绝大部分都是有真才实学的，而且是经过了一定的选举和审批手续，才获得博士生导师的资格的。他们到了年龄退休以后，有的为本校或本研究院返聘，继续指导博士生。但是也有一些，由于种种原因，拒绝返聘，不接受指导博士生的任务。现在全国博士生导师为数不多。老的退休了，新的上不来。许多大学都面临着这种青黄不接的局面。中年博士生导师，有的也有相当高的水平，可是在某一些方面，一时还难以达到老专家的水平。在这样的情况下，如果再让一些有能力的老教授、老专家投闲置散，对国家是一个损失。这样下去，对我国博士生的培养工作是非常不利的。倘若有一些书院一类的机构，退休老教授乐意在里面工作，乐意指导研究生，岂非两全其美？中国文化书院就有这样的导师，可惜格于现行的制度，他们无法指导博士研究生。如果有关当局本着改革的精神，授权给某一些有条件的书院，让已经取得带博士生资格的老教授、老专家在这里指导博士生，对我们国家的教育事业不是一个大贡献吗?我个人认为，将来培养博士或博士后的任务可以分一点给书院。国务院学位委员会和国家教委应该承认这样培养出来的博士的资格，并且一视同仁地发给证书。这样一来，国家出不了多少钱，既调动了退休老教授、老专家的积极性，又培养了高级人才，促进了学术的发展，岂非一举数得吗?

4. 书院可以团结海内外的学者

中国文化书院聘请了一些学有专长的导师，已经退休的和尚未退休的都有，海内外的学者都有，不限于华裔。同时也不时邀请海外学者来院做学术报告或参加座谈会。特别值得一提的是，这样的学者中也有台湾学者。这在当前是非常有意义的工作，不言而喻。这样的工作由政府机构出面来做，不如由民间机构。原因是，这样可以绕开台湾当局制造的一些困难。海峡两岸的学者都有一个共同的愿望:祖国统一。不管通过什么途径来大陆的台湾学者，同大陆的同行们，共同在学术上切磋琢磨，互相启发，不谈政治问题，而心心相印。

5. 书院可以宣扬中国文化于海外

中国有极其悠久、极其优秀的文化传统，对全世界文化的发展起过重大的作用。近代以来，我们开始向西方学习，这是完全必要的。到了今天，我们强调开放，其中包含着向外国学习，这也是完全必要的。但是，既然讲文化交流，就应该在"交"字上做文章。这并不等于要等价交换，出和入哪一方面多了一点或少了一点，这无关重要。但是，如果入超或出超严重，就值得考虑。以我的看法，现在我们是入超严重，出几乎等于没有。难道我们都要变成民族虚无主义者吗?现在世界上许多文化先进国家对我国的文化，特别是近现代的文化了解得非常少，有时候简直等于零。这不利于国际大团结，也不利于我们向外国学习。可惜这种情况还没有引起应有的重视。中国文化书院任务之一，就是向外国介绍中国文化，已经做了大量的工作，今后还将坚持不懈地继续做下去。我们决不搞什么都是世界第一那一套，那是自欺欺人之谈；但也决不容许中外不管什么人士完全抹杀中国文化的精华，那也不是实事求是的态度。

6. 书院可以保存历史资料

从中国文化书院的经验来看，书院可以在保存历史资料方面做不少的工作。中国文化书院目前正在进行的有关这方面的工作有两项：一是记录口述历史；一是为老学者、老专家录音录像。这都是有意义的工作，还带有点抢救的性质。这里的工作对象当然不是什么国家显要人物。但是难道只有国家显要才有被录音录像的资格吗？为这些人进行这样的工作，很有意义，我完全拥护。为并非显要而在某一方面有点贡献的人，进行这样的工作，也自有其意义，这也是了解我们民族的历史所不可缺少的。

我在上面从六个方面谈了书院在今天的意义。当然不会限于这几个方面，我不过目前只想到这些而已。归纳起来，我们这样说，在中国流行了一千年的书院这种古老形式，在今天还有其意义。我们完全可以取其精华，去其糟粕，利用这个形式，加入新的内容，让它为我们的社会主义建设服务。

1988 年 6 月 24 日

关于神韵（节选）

在中国文学批评理论中，神韵是一个异常重要的词儿，一个异常重要的概念。无论是谈诗论画，还是评品书法，都离不开它。从六朝以来，文人学士不断地使用这个词儿。与这个词儿有密切联系，有时候甚至难以区分的词儿，还有气韵、神等等，含义都差不多。

南齐谢赫的《古画品录》中，在评品顾骏之的画时，说："神韵气力，不逮前贤；精微谨细，有过往哲。"唐张彦远的《历代名画记》中说："至于鬼神人物，有生动之状，须神韵而后全。"此后历代都有人谈到神韵，比如苏轼、胡应麟、王夫之、王士禛、翁方纲等等。（参阅敏泽，《中国文学理论批评史》下，页891—897；钱钟书，《谈艺录》，1986年，页40—44）讲气韵的有谢赫的"气韵生动"，《扪虱新语》的"文章以气韵为主"等等。讲神的有《沧浪诗话》的"入神"等等。神韵一词儿，除了应用于文章、艺术等方面外，也用来评论人物，比如《宋书·王敬弘传》："敬弘神韵冲简，识寓标峻。"

尽管神韵这个词儿应用相当广，时间相当长，但是到了清初王士禛笔下，它才具有比较固定的含义。王士禛是中国文学批评史上有名的神韵说的倡导者。由于他在诗坛上拥有崇高的地位，所以他的神韵说影响广被，俨然成为诗艺理论的大宗。在这样的情况下，王士禛谈论神韵的时候就非常多。我在下面节引几条，详细情况请参阅敏泽和其他中国文学批评史学者的著作。《带经堂诗话》卷三：

> 神韵二字，予向论诗，首为学人拈出，不知先见于此。/唐人五言绝句，往往入禅，有得意忘言之妙。/表圣论诗，有二十四品，予最喜"不著一字，尽得风流"八字。

同上书，卷四：

> 严沧浪论诗云："盛唐诸人，唯在兴趣，羚羊挂角，无迹可求，透彻玲珑，不可凑泊，如空中之音，相中之色，水中之月，镜中之像，言有尽而意无穷。"

同上书，卷二：

> 严沧浪《诗话》借禅喻诗，归于妙悟。/严沧浪论诗，特拈"妙悟"二字，及所云"不涉理路，不落言筌"，又"'镜中之像''水中之月''羚羊挂角，无迹可寻'"云云，皆发前人未发之秘。

关于神韵（节选）

上面引的这几条，可以说明王士禛对神韵的理解。他一再强调以禅喻诗，强调"镜中之像""水中之月""羚羊挂角，无迹可寻""不著一字，尽得风流"等等。他是利用形象的说法、比喻的说法，来阐明他对神韵的理解。

我在这里还必须加上几句。钱钟书引《沧浪诗话》：

> 其大概有二：曰优游不迫，曰沈着痛快。诗之极致有一，曰入神。诗而入神，至矣，尽矣，蔑以加矣！唯李、杜得之。

他接着说：

> 可见神韵非诗品中之一品，而为各品之恰到好处，尽善尽美。（钱钟书：《谈艺录》，第40—41页）

在严沧浪眼中，李杜有李杜的神韵，王韦有王韦的神韵。但是王士禛出于自己的爱好，抑前者而扬后者，把沧浪的神韵尽归后者。此事翁方纲已经指出来过。在《复初斋文集》卷八，《神韵论》中说："其实神韵无所不该……有于实际见神韵者，亦有于虚处见神韵者；有于高古浑朴见神韵者，亦有于情致见神韵者。"王士禛的理解，钱钟书说是"误解"。我个人认为，说是曲解，或者更切近事实。王渔洋喜欢优游不迫的诗，他自己的创作也属于这一类，他不喜欢沉着痛快的诗。这完全是个人爱好，未可厚非。但是他却根据自己的爱好，创立神韵说。他就不得不曲解严沧浪的说法，以偏概全。不过，王士禛的做法也有历史渊源。钱钟书引明末陆时雍的说法，隐承沧浪，而于李杜皆致不满，就属于这一类。

历代关于神韵的说法就介绍到这里。尽管许多文人学士，特别是倡导神韵说的王士禛发表了这样多的看法，神韵的含义是否弄清楚了？别人不知道，我自己是并不清楚的。我越看越不清楚，只觉得眼前一片朦胧、一团模糊。那许多形象的说法、比喻的说法，当然给了我一些生动的印象，可是仔细一想，仍然不知道神韵究竟是什么东西。我自己仿佛也在参禅，越参越模糊，最终是"羚羊挂角，无迹可求"。我自知是钝根，不敢期望顿悟。

神韵真如神龙，令人见首不见尾，或者首尾皆不能见。难道我们真没有法子弄明白了吗？事实上，中国所有讲神韵的书籍和文章，不管是古还是今，没有哪一个说明白了的。连倡导神韵说的王士禛也不例外。我不是研究文艺理论的专家，不过多少年来对此问题也颇感兴趣，我也曾思考过、探索过。我现在想尝试着走一条过去从没有人走过的路，我想利用印度的古典文艺理论来解释一下神韵的含义。知我罪我，自有解人；始作俑者，所不敢辞。

印度文艺理论研究有悠久的历史，在世界上独成体系。公元9世纪至10世纪是发展的鼎盛时期，也可以说是开创新局面的时期，是一个转折点、一个新纪元。9世纪出了一位欢增（Ānandavardhana）。他的名著《韵光》（Dhvanyāloka），把语法学家、逻辑学家和哲学家的分析运用到诗的词和义（形式和内容）的分析上来。10世纪出了一位新护（Abhinavagupta）。他的名著《韵光注》和《舞论注》，继承和发展了欢增的理论。他们的理论以韵论和味论为核心，展开了一系列的独辟蹊径的探讨，从注重词转而为注重义，打破了以前注重修辞手段的理论传统，创立了新的"诗的灵魂"的理论，也就是暗示的韵的理论。

这个理论的轮廓大体如下。（主要根据 M. Winternitz, *Geschichte der Indischen Litteratur*，3Bd.S.17—18；金克木，《古代印度文艺理论文选》，人民文学出版社，1980年，页13—15，52—75；黄宝生，《印度古代文学》，知识出版社，1988年，页162—171）词汇有三重功能，能表达三重意义：

一、表示功能：表示义（字面义，本义）。

二、指示功能：指示义（引申义，转义）。

三、暗示功能：暗示义（领会义）。

以上三个系列又可以分为两大类：说出来的，包括"一"和"二"；没有说出来的，包括"三"。在"一"和"二"也就是表示功能和指示功能耗尽了表达能力之后，暗示功能发挥作用。这种暗示就是他们所谓的"韵"。《韵光》第一章说：

> 可是领会义，在伟大诗人的语言（诗）中，却是［另外一种］不同的东西；这显然是在大家都知道的肢体（成分）以外的［不同的东西］，正像女人中的（身上的）美一样。

这种暗示功能、暗示义（领会义）有赖于读者的理解力和想象力，可能因人而异，甚至因时因地而异，读者的理解力和想象力在这里有极大的能动性。海阔凭鱼跃，天高任鸟飞，这也许就是产生美感的原因。这种暗示就是这一批文艺理论家的所谓韵（dhvani）。在审美活动过程中，审美主体的主观能动性发挥得越大，他就越容易感到审美客体美。这就是"韵"的奇妙作用。韵是诗的灵魂。他们举出的例子是"恒河上茅屋"，表示义是"恒河上"，指示义或引申义是"恒河岸上"，暗示义是"凉爽""圣洁"。因为恒河是圣河，恒河上茅屋是修道人所居之处。他们把诗分为三个层次：第一，真诗，以没有说出来的东西，也就是暗示的东西为主；第二，价值次一等的诗，没有说出来的只占次要地位，只是为了装饰已经说出来的东西；第三，没有价值的诗，把一切重点都放在华丽语言上，放在雕琢堆砌上。在这里，可以说是层次分明，没有说出来的暗示的东西，其价值超过说出来的东西，在说出来的东西中辞藻雕饰最无价值。我在这里想顺便补充上几句。在中国文艺理论发展史上，也有一派学说反对六朝一味追求辞藻华丽，如七宝楼台的那一种文体，而主张返璞归真。这种理论可以同印度的韵论互相参证。王静安隔与不隔的学说在精神上也有与此相通之处，耐人寻味。

在印度影响深远的韵论，内容大体上就是这个样子。现代西方兴起的诠释学的理论，有与此相通之处。这种理论主张一部作品有许多层的意义：文字里的、文字外的、由声音引出的、与读者无声对话所引起的。我觉得可以拿来比较一下。

季羡林按：此文付排后，接香港中文大学饶宗颐教授函。他对拙文提出了几点意见。我觉得很有启发，现节录原信附在这里："汉土'神韵'一词，见于谢赫《古画品录》……

关于神韵（节选）

似先取以论画。其实晋世品藻人物，屡用天韵、性韵、风韵一类词语。神韵亦然，本以论人，继以论画，复借以论诗耳。未知然否？"

我觉得，从这极其简略的介绍中也可以看出，中国难以理解的神韵就等于印度的韵，中国的神韵论就等于印度的韵论。只因中国的文艺理论家不大擅长分析，说不出个明确的道理，只能反反复复地用一些形象的说法来勉强表达自己的看法，结果就成了迷离模糊的一团。一经采用印度的分析方法，则豁然开朗，真相大白了。

我现在再进一步比较具体地分析一下中国那些用来说明神韵的词句。"不著一字，尽得风流。"字是说出来的东西，不著一字就是没有说出来，因此才尽得风流。"羚羊挂角，无迹可求。"羚羊挂角，地上没有痕迹，意味着什么也没有说出。"空中之音，相中之色，水中之月，镜中之像。"每一句包含着两种东西，前者是具体的，说出来的，后者是抽象的，没有说出来的，捉摸不定的，后者美于前者，后者是神韵之所存。"言有尽而意无穷。"言是说出来的，意是没有说出来的。"得意忘言。"与前句相同，神韵不在言而在意。此外，还有什么"蕴藉""含蓄"等等，无不表示同样的意思。那一些被神韵家推崇的诗句，比如"兴阑啼鸟尽，坐久落花多"等等，这些诗句当然表达一种情景，但妙处不在这情景本身，而在这情景所暗示的东西，比如绝对的幽静、人与花鸟、物与我一体等等。这些都是没有说出来的东西，这就叫神韵。《沧浪诗话》中说："不涉理路，不落言筌者，上也。"这些都是在理路和言筌之外的，所以才能是"上也"。

中国文化的内涵

至于王渔洋所特别推崇的以禅喻诗的做法，也同样可以用印度的韵论来解释。在中国禅宗史上，几乎所有的大师在说法和行动中，都不直接地把想要说的意思表达出来，而是用一声断喝，或者当头一棒，或者说一些"干屎橛"一类的介于可解与不可解之间的话，来做出暗示，让自己的学生来参悟。在这里，关键在于听者或受者，老师说出来的或者做出来的，只是表面现象；没有说出来的或做出来的才是核心，才是精神，这样的核心和精神需要学生自己去顿悟。断喝一声有大道，一句"干屎橛"中有真理，这很有点像诗的神韵。王渔洋等之所以喜欢以禅喻诗，道理就在这里。

1988 年 9 月 14 日

关于神韵（节选）

文学批评无用论

读最近一期的《文学评论》，里面有几篇关于"红学"的文章，引起了我的注意。有的作者既反省又批判；有的作者从困境中找出路；有的作者慨叹"红学"出了危机。如此等等，煞是热闹。文章的论点都非常精彩，很有启发。但是，我却忽然想到了一个怪问题：这样的"红学"有用处吗?对红学家本身，对在大学里和研究所里从事文学理论研究的人，当然有用，但是对广大的《红楼梦》的读者呢?我看是没有用处。

《红楼梦》问世二百年以来，通过汉文原文和各种译文读过本书的人，无虑多少个亿。这样多的读者哪一个是先看批评家的文章，然后再让批评家牵着鼻子走，按图索骥地去读原作呢?我看是绝无仅有。一切文学作品，特别是像《红楼梦》这样伟大的作品，内容异常的丰富，涉及的社会层面异常的多，简直像是一个宝山、一座迷宫。而读者群就更为复杂，不同的家庭背景，不同的社会经历，不同的民族，不同的国家，不同的文化传统，不同的心理素质，不同的年龄，不同的性别，不同的职业，不同的爱好——还可以这样"不同"下去，就此打住——他们来读《红楼梦》，会各就自己的特点，欣赏《红楼梦》中的某一个方面，受到鼓舞，受到启发，引起了喜爱；也可能受到打击，引起了憎恶；总之是千差万别。对这些读者来说，"红学家"就好像是住在"太虚幻境"里的圣人、贤人，与自己无关。他们不管"红学家"究竟议论些什么，只是读下去，读下去。

因此我说，文学批评家无用。

不但对读者无用，对作者也无用。查一查各国文学史，我敢说，没有哪一个伟大作家是根据文学批评家的理论来进行创作的。那么，文学批评家的研究不就是毫无意义了吗?也不是的。他们根据自己的文学欣赏的才能，根据不同的时代潮流，对文学作品提出自己的看法，互相争论，互相学习，互相启发，互相提高，这也是一种创作活动，对文学理论的建设会有很大的好处。只是不要幻想，自己的理论会对读者和作者有多大影响。这样一来，就可以各安其业，天下太平了。

上面这些话其实只有幼儿园的水平，可是还没有见有什么人这样坦率地说了出来，就让我当一个"始作俑者"吧！

1989 年 1 月 26 日

关于中国弥勒信仰的几点感想

　　我正在为我译释的吐火罗文 A（焉耆文）《弥勒会见记剧本》写一篇相当长的导言。我考虑了一些有关弥勒信仰的问题，现在讲一点。

　　在中华民族中，汉族不能算是一个宗教性很强的民族。我们信的宗教最大最古的只有两个：一个是土生土长的道教，一个是从外面传进来的佛教。除了道士和和尚尼姑以外，老百姓信这两种宗教都信得马马虎虎。佛教庙里有时有道教的神，反之亦然。而且佛道两种庙里有时竟会出现一个孔子、一个关圣帝君文武二圣人。在过去，有钱的阔人家里办大出丧，既请和尚念经，也请道士，各唱各的调，各吹各的号，一团和气，处之泰然。整个中国历史上没有一次宗教战争。

　　然而在利用宗教达到政治目的或其他目的方面，汉族在几千年的历史上却表现出了非凡的本领，其他民族望尘莫及。专就弥勒而论，他本是佛教中的未来佛，在佛教教义中有突出的地位。然而一到中国，人们把他塑在每一所佛教庙里。一进山门，首先看到的那一位肚皮肥大、胖胖的、面含微笑的佛爷就是弥勒佛。除了让人们觉得好玩以外，谁还会想到他是什么未来佛呢?其他佛爷像前香烟缭绕，热热闹闹；他的像前则往往是烟销（消）火灭，冷冷清清。

可是，换一个场合，当皇亲国戚或达官贵人，甚至平民老百姓，想进行政治斗争的时候，却忽然想起了这一位佛爷，觉得他这个未来佛的头衔颇可以加以利用了。

我先举一个最著名的例子。中国历史上唯一的一位女皇帝唐代的武则天，以一妇女而贬子窃位，不得不想尽种种方法为自己洗刷，为自己"涂脂抹粉"。公元690年（载初元年，天授元年），沙门怀义与法明等十人进《大云经》，陈符命，说武则天是弥勒下生，当代唐作阎浮提主。则天大喜，制颁天下，到处建立大云寺。武则天本人未必相信什么未来佛，有人说她是弥勒降生，从佛教教义上来看也是荒唐可笑的。然而对武则天来说，这却是天大的一根稻草，非牢牢抓住不可。到了695年（证圣元年，天册万岁元年），她又给自己加上了"慈氏越古金轮圣神皇帝"，"慈氏"就是弥勒的意译。可见她真正俨然以弥勒佛自居了。

弥勒，皇帝能利用，民间也能利用。这样的记载从很早的时候就有。《隋书》卷三《炀帝纪》上：

> （大业）六年（610年）春正月癸亥朔旦，有盗数十人，皆素冠练衣，焚香持花，自称"弥勒佛"，入自建国门，监门者皆稽首。既而夺卫士仗，将为乱。齐王暕遇而斩之。于是都下大索，与相连坐者千余家。

同书载：

（大业）九年（613年）十二月丁亥，扶风人向
海明举兵作乱，称皇帝，建元白乌。遣太仆卿杨义
臣击破之。

这个向海明也自称是"弥勒出世"。仅在隋炀帝大业年
间，这样自称弥勒佛作乱的事情就出现过两次。到了唐代，甚
至唐代以后，这样的事情屡次发生。革命的农民也有假"弥勒
降生"的名义聚众兴兵者，这里不再一一列举了。

中国人民利用宗教信仰达到政治目的，对象绝不止弥勒
一个。利用佛教其他神灵者有之，利用道教者有之，利用摩尼
教者有之。本文专谈弥勒，其他就不谈了。我认为，连太平天
国也是利用耶稣教的，洪秀全并不是一个虔诚的耶稣教徒。

总之，汉人对宗教并不虔信，但是利用宗教却极广泛而
精明。这在汉族的民族性中是优是劣，由读者自己去评断吧。

1989 年 7 月 28 日

中国知识分子的爱国传统

传统文化与爱国主义这两件事看起来似乎没有什么联系。但是别的国家我先不谈，专就中国而论，二者是有极其密切的联系的。这里面包含着两层意思：一层是在中国传统文化，或者把范围缩小一点，在中国传统的伦理中，爱国主义占有极其重要的地位；二层是，唯其因为我国有光辉灿烂的传统文化，我们这个国家才更值得爱，更必须爱。

先谈第一层意思。我要从历史谈起，秦以前渺茫难究诘，这里不谈。秦将蒙恬因为御匈奴有功，被当时人和后代人所赞颂。到了汉朝，汉武帝的大将卫青和霍去病，小小年纪，也因为御匈奴有功，为当时人和后代人所赞颂。苏武被匈奴扣压了十几二十年，坚贞不屈，牧羊北海之滨，在小说和戏文中被传为千古佳话。到了三国时候，诸葛亮忠于蜀国，成为万古凌霄一羽毛。我必须在这里解释几句。我似乎听到有人问：诸葛亮这能算是爱国主义吗？我答曰：是的，是不折不扣的爱国主义。什么叫"国"呢？古有古的概念，今有今的概念。魏、蜀、吴，就是三个"国"，否则家喻户晓的《三国演义》为什么叫"三国"呢？过去在很长的一段时间内，我们史学界一些人搞形而上学，连抵御匈奴都不敢说是爱国，因为匈奴是今天中华人民共和国内的某某民族的祖先。在今天看，这话可能是对的，但在古时确是两国。我们怎么能拿今天的概念硬扣在古代历史上呢？我的这个解释也可以而且必须应用到三国以后的中国历史上去。比如宋代的杨家将，至今还在戏文中熠熠闪光。至于岳飞和文天祥，更是"一片丹心照汗青"，名垂千古，无人不知，至今在西子湖畔还有一座岳庙，成为全国和全世界人民朝拜的圣地。所有这一切都值得我们深思。我说中国传统文化中，中国的传统伦理中有强烈的爱国主义成分，难道这不是事实吗？

现在再谈第二层意思。国之所以可爱，之所以必须爱，原因是很多的。专就中国而论，由爱我们的伟大的传统文化而爱国，理由是顺理成章的。我一向主张，在整个人类大家庭中，文化是大家共同创造的，国无论大小，历史无论久暂，都或多或少对人类共同文化宝库有所贡献。但是同时，又必须承认，国与国之间，民族与民族之间，贡献是不一样的。我国立国东亚大陆，垂数千年。我们祖先的几大发明名垂千古，至今人类还受其利。我想，除了主张"全盘西化"的人以外，中国人一谈到自己的文化，无不油然起自豪感。我们当然不能也不会躺在祖先的光荣的文化传统上睡大觉，我们还必须奋发图强，在旧基础上赶上新世界。这一点用不着多做解释。专就爱国主义而论，有这样传统文化的国家，难道还不应该还不值得爱吗？

最近几年以来，我常常思考中国知识分子与爱国主义的问题。我逐渐认识到，中国知识分子（当然劳动人民也在内）是世界上最爱国的知识分子，是世界上最好的知识分子。其

中国文化的内涵

中原因，上面讲的传统文化只能算是一个，从近代史上来看，还有别的原因。

中国自1840年以来，遭受殖民主义和帝国主义的压迫和剥削。知识分子对此最为敏感，因此养成了爱国的传统。殖民主义和帝国主义国家的知识分子，虽然也是讲爱国主义的，但是这种爱国主义是经不住考验的。一到关键时刻，立刻就"有奶就是娘"了。

我想把中国知识分子按年龄分为三类：老、中、青。老知识分子是在旧社会待过而且很多是在国外待过的。他们根据亲身体验，深知国家不强，必定受人歧视。所以这一批人爱国心特别强烈。在新中国成立后，虽然不少人遭受批判，大多数人在"史无前例"的时代遭受非人的待遇，至今仍然爱国如常。"物美价廉，经久耐用"，指的就是这一批人。中年知识分子没有遭受"三座大山"的压迫。他们受到了传统文化熏陶，也是爱国的，现在正为祖国辛勤服务。

青年知识分子则丝毫没有受过外国的压迫。他们对新中国成立前的情况，只是从书本上或老人的口中知道一些，印象是淡薄的。对他讲爱国主义，理论上易讲，事实上难说。今天的大学生都属于这个范畴。要进行爱国主义教育，他们应该是重点。我们在这方面应该多想一些办法。向他们多讲一些传统文化，讲一些历史，看来这会是行之有效的办法。总之，我认为传统文化与爱国主义是息息相关的、相辅相成的，两方面都要多讲。

1989 年 10 月 13 日

略说中国传统文化及其特点

　　说在中国传统文化的宝库中，中国传统道德是最重要的一部分内容，这话完全正确。因为从世界各国来看，像中国这样几千年如一日重视伦理道德的还没有第二个国家。什么叫中国传统道德？或者说中国传统道德有哪些内容呢？这个问题很复杂，每个人的回答都可能不一样。我讲讲自己的看法，我想这里面起码应包括这么几部分内容。

　　第一，正如我的老师——清华大学陈寅恪教授曾经说过的，《白虎通》当中的三纲六纪是中国文化的精华。什么叫三纲呢？就是君臣、父子、夫妻。他讲的当然是君为臣纲，父为子纲，夫为妻纲。这里边有糟粕，如夫妻应该是平等的，怎么男人成了女人的纲了呢？这个我们先不讲它。六纪，一是诸父，就是父亲的兄弟姊妹；二是兄弟；三是族人；四是诸舅，就是母亲家的人；五是师长；六是朋友。他说，这三纲六纪是中国文化的中心，我看他的话很有道理。因为人类自有社会以来，必然要有一种规则来维系，不然的话社会就会乱七八糟。现在马路上为什么要有交通警？为什么要有红绿灯？这就是一种规则、一种规章制度，要求大家都来遵守，这样社会生活才能进行。要是没有这些规则，社会生活就不能进行。《白虎通》的三纲六纪，把当时社会所有的人际关系都规定了。

第二，我们的文化还有一个提法，是我们的特点，就是"格、致、正、诚、修、齐、治、平"。意思就是格物、致知、正心、诚意、修身、齐家、治国、平天下八个步骤。先从自己开始格物，就是了解事物，了解以后致知，把规律找出来，正心、诚意就不用讲了，修身就是修自己，然后齐家，把家治好，然后再治国，治国以后是平天下，就是从个人内心一直到天下。那么，什么叫国，什么叫天下呢?在周代来讲，像齐国、燕国、郑国等国是国，天下则指整个周代的中国。现在像中国、日本叫国，天下就是世界。个人要从内心出发，正心、诚意，一直推到治国、平天下。这套系统的步骤，属于伦理道德范畴，也属于政治范畴，是其他任何国家所没有的。

第三，"礼义廉耻，国之四维"。就是说，礼义廉耻是国家的四个支柱。除了这个提法外，古人还提出了"孝悌忠信，礼义廉耻"等说法，意思都差不多。

上述三个方面是古代伦理道德最先最主要的内容。懂得了这三个方面的内容，大体就了解了中国伦理道德最基本的内容。我们的道德伦理又全面又有体系，其他的内容当然就多了，需要写一部中国伦理学史来阐述。

中国传统道德是中国传统文化当中最精华的内容，它在世界人类文明遗产中的特殊性非常之明显。为什么这么说呢?因为世界上任何国家，从古希腊一直到古印度，尽管每个国家都有自己的道德规范，每个民族都有自己的道德规范，可是内容这么全面、年代这么久远、涉及面这么广泛的道德规范，在全世界来看，中国是唯一的。现在中国周围这些国家，像日本、韩国、越南等，有一个名词叫汉文化圈，属于汉文化圈的国家基本上都受我国的影响。

我们一向讲中国是四大文明古国之一。现在我们的考古发现越多，就越证明我们的历史长久。随着考古学的不断进步，我估计将来考古发现不但有夏、有禹，一定还会有更古的尧、舜，还要往上发展。总而言之，我的看法是考古发现越多，我们的历史越长。这是从形成的历史时间看。

那么从具体内容上看，我们民族的特点就更明显了。

比如"孝"这个概念，"三纲五常"里面都有。除了中国以外，世界其他国家都没有这么具体。何以证之呢？可以看一看欧洲现在社会的情况跟我们做比较。当然现在青年人也不像以前那样愚忠愚孝，"割肉疗母"我们也不提倡，可是就拿眼前来讲，我们中国的青年人还比世界其他国家的要孝得多，虽然程度不如以前了。我是研究语言的，有件事很有意思：把"孝"这个词翻译为英语，用一个词翻译不出来，得用两个词。什么原因呢？因为虽然不能说外国没有孝，但是孝并非作为一个很重要的概念，所以译过去就得用两个词。英文里面两个什么词呢？就是儿女的"虔诚"与"尊敬"，而在中文中光一个"孝"就够了。这就说明"孝"这个词有中国的特点。

我认为中国伦理道德中有两点值得提倡。

第一点是讲气节、骨气。一个人要有骨头。我们现在不是还讲解放军硬骨头六连吗？文章也讲风骨。骨头本来是讲一种生理的东西，用到人身上，就是指人要讲气节。孟子就讲富贵不能淫，贫贱不能移，威武不能屈，此之谓大丈夫。富贵我们也不怕，贫贱我们也不怕，威武我们也不怕，这在别的国家是没有的。就是说作为一个人，我有我的人格，顶天立地，不管你多大的官，多么有钱，你做得不对我照样不买你的账。例子很多。《三国演义》里有个祢衡敢骂曹操，不怕他能杀人。近代的章太炎，他就敢在袁世凯住进中南海称帝时，到中南海新华门前骂袁称帝。这种骨气别的国家也不提倡。"骨气"这个词也不好译，翻成英文也得用两个词：道德的"反抗的力量"或者"不屈不挠的力量"。我们用一个"气节""骨气"，多么简洁明了。我们中国的小说中，随便看看，都有像祢衡这样的人。我们为什么崇拜包公？就是因为他威武不能屈。皇帝掌握生杀大权，但皇帝做错了包公照样不买账；达官显贵虽然有钱有势，包公也照样不买账。这种品行外国是不提倡的。

略说中国传统文化及其特点

我常对年轻人讲，不仅在国内要有人格，不能一见钱就什么都不讲了，出国也要有国格，不能忘记自己是中国人，不能忘记国格。

第二点是爱国主义。世界上真正提倡爱国主义的是中国。比如苏武北海牧羊而气节不改的故事，连小孩都知道。写《满江红》的抗金英雄岳飞，他的爱国精神更是历代传诵，后人在杭州西湖边专给他盖了一座庙。又如文天祥，谁都知道他的名言"人生自古谁无死，留取丹心照汗青"，全国都有他的祠堂。近代、现代的爱国英雄也多得很，如抗日战争中的张自忠、佟麟阁等等。

当然，我们讲爱国主义要分场合。例如抗日战争里，我们中国喊爱国主义是好词，因为我们是正义的，是被侵略、被压迫的。压迫别人、侵略别人、屠杀别人的"爱国主义"是假的，是军国主义、法西斯。所以我们讲爱国主义要讲两点：一是我们决不侵略别人，二是我们决不让别人侵略。这样爱国主义就与国际主义、与气节联系上了。

关于中国传统道德在世界文明史中的地位问题，我想最好先举例来说明。大家都知道《歌德谈话录》这本书，在1827年1月30日歌德与埃克曼的谈话录中，歌德说：

> 我今天看了一本中国的书：《好逑传》。中国人了不起，在中国人眼中，人跟宇宙合二为一（这是我这几年宣传的人与大自然和谐），男女谈情说爱，相互彬彬有礼，那么和谐、和睦，这个境界我们西方没有。

可以说，《好逑传》在中国文学史上最多与《今古奇观》处在一个水平上，甚至中国文学史也不会写它。可是传到欧洲，当时欧洲文化的第一代表人歌德却大加赞美。但他是有根据的。虽然我国这类才子佳人题材的小说有些理想化，像《西厢记》，但是在当时的西方文化泰斗看来，起码中国作者心中的境界是很高的。歌德指出的这一点不是很值得我们回味吗？

我认为，从世界文化的发展趋向看，中国文化包括中国道德的精华，在21世纪的将来，会在人类精神文明的发展中，发挥更重要的作用。这是我所期望的。

1990 年

论上古史探索与生殖崇拜 *

去年，我同周一良、庞朴两位先生承担了为江西人民出版社主编《东方文化》丛书的任务。今年，第一批书已经问世。请允许我在这里先学一学老王，卖一点瓜：我们自我感觉良好。我们黾勉从事，未敢嬉怠。今后我们仍将从严要求，陆续推出——我觉得这个词儿颇为别扭，但又不能不使用——一批学术价值高的有关东方文化的著作。

我们曾征稿于香港学术界权威饶宗颐教授，蒙他垂青，寄来了一部论文集：《上古史探索——史溯》。饶先生实际上用不着我再来介绍。他多才多艺，学富五车；古今均备，中西兼通；除了学术探讨之外，身兼诗、书、画三绝，擅长骈文，通天文，识地理，懂音乐，善历算；兼通梵学，吠陀、悉昙等均有所涉猎。饶先生硕果累累，蜚声国内外。有这样一位学者的著作，当然会给我们丛书增添光彩，这是不言自喻的。

蒙饶先生不弃，致书于我。信不长，我现在抄在下面：

羡林先生有道：

---

* 本文是作者为《上古史探索——史溯》写的序。

前蒙关注，属集古史论文为一册。顷已大体成稿，拟定名为《史溯（副题）上古史探索稿》，共十六篇。兹先航挂寄上，以备审阅。就中论龟与 kūrma 及盘古与道教一节引 Veda 原人歌，望先生加以指正。书之前面，如椽笔能赐题数言，参加讨论，使古史研究得踏入正轨，亦大佳事！

拙文草率写成，未能抄正，不知排印有困难否？倘碰到引文发生问题，望出版家直接来信，最好能由我亲校一遍。拙文收到后乞回信示慰为感！匆颂

撰安

宗颐百拜

8 月 22 日

饶先生既然明确要我"参加讨论"，我就不避佛头着粪之讥，写了这一篇序文。非敢言序也，不过聊陈刍议而已。

正如书名所指示的，饶先生的这一部书是探索上古史的，以中国为主，兼及印度。谈到上古史，渺茫难稽考，议论纷纭久矣。前两年，我的学生赵国华先生写了一部书，名为《生殖崇拜文化论》，把稿本送给我看，要我写一篇序。这篇序我写了，就收在《东方文化丛书》第一批出版的书——《佛教与中印文化交流》中。我读这一部书时的想法和意见，都已经写在这一篇序文中，我在这里不再重复。他这一部书涉及上古史的地方极多，他是用生殖崇拜这个观点来谈古代文化的，尽管有些地方似有草木皆兵的倾向，但是，总起来看，我认为，这个观点是能够站得住脚的。当然，用生殖崇拜的观点

来解释原始文化，不自赵国华始，但是，他用这个观点来解释许多中国和印度的原始文化，具有极强的说服力。我想再借这个机会向学者们推荐这一部书，此书已由中国社会科学出版社出版。

原始人民，不管是中国的、印度的，还是其他地方的，他们的信仰或者宗教，与后世不同。他们并不长跪合十，虔心祷祝，而是想方设法，"强迫命令"，这直接同生殖崇拜有联系。比如，他们看到男女交配，能生小孩，为什么不能用男女交配来迫使大地生长繁茂的庄稼呢?于是就让一双男女在庄稼地里交配，以为这样一来土地就成了米粮川，五谷丰登了。又比如，对于天地的生成，他们迷惑不解。他们也把此事同人类生殖联系起来，幻想天地的生成也同人类诞生一样，来源于男女性交。他们就把人类性交的过程拿来解释天地的形成。我曾用这个观点来解释印度《梨俱吠陀》中的几首所谓"哲学赞歌"，参阅拙文《〈梨俱吠陀〉几首哲学赞歌新解》，见《佛教与中印文化交流》，页238—249。

我说这些话什么意思呢?无非是觉得，饶先生探索渺茫难稽的古代史，如果肯用生殖崇拜的观点来解释一些现象，必然能看得更深，摸得更细，能窥见一些平常窥见不到的奥秘。

我这样说话，似乎有点太空洞，有点不着边际，让我说点具体的。我现在拿饶先生论文集中的第二篇文章《龟卜文化与Kūrma》来作例子，具体地谈一下我的观点。在这篇文章的"二龟是地液——生命之汁"中，饶先生指出，印度人举行火祭，必在祭坛下埋龟。梵文称龟为Kūrma，kū的字根 kṛ-意思是"造作"（to make）。龟被看作地液，是生命之汁，在印度神话里地位甚高，是承天、空定三界的表征。

饶先生的意见是正确的，美国梵文学者 W. D. Whitney, The Roots, Verb-Forms and Primary Derivatives of the Sanskrit Language 中确实把 kur 同 kṛ 摆在一起，但只有 Kū rmi 和 Kū rmin，说明见于《梨俱吠陀》。Monier Williams 的《梵英字典》收有 Tuvi-kū rmin(mi)这个词儿，释为 Powerful in working（指因陀罗），与龟无关。意思是龟的 Kū rma 这个字，尚未见于《梨俱吠陀》，说明印度最古的圣经尚无龟的神话。在四吠陀中，Kū rma 出现于最晚的《阿闼婆吠陀》中，龟神话的出现时间大体上可以这样界定（《梨俱吠陀》中有一个仙人，名 Kū rma，但无法证明它有"龟"的含义）。到了两大史诗时期，龟的神话就多了起来。内容大体上有两个方面：一个是，在搅海的时候，龟驮住了神山曼多罗(Mandara)；一个是，龟作为大神毗湿奴的化身(Avatar)，把大地驮在自己背上。可参阅 E. Washburn Hopkins 的 *Epic Mythology*。Böhtlingk 和 Roth 的《梵德大字典》引用 śukasaptati44："Kū rmo bibharti dharaṇī ṃ khalu cātmapṛṣṭhe"（龟把大地驮在自己背上）。到了后来，又出现了《龟古事记》(Kū rma purāna)，在这里，龟是毗湿奴的化身。

用极其简短的话来说，印度古代龟神话的内容大体上就是这个样子。

这与生殖崇拜有什么关系呢？

如果你不相信生殖崇拜的观点，不用这个观点来观察这个问题，那就平安无事，万事大吉，这个龟神话里面什么奥秘也没有，不就是一个普普通通的神话故事吗?但是，如果你肯用这个观点来观察古代神话，则立刻就会有"柳暗花明又一村"之感。我先引用赵国华《生殖崇拜文化论》中的一段话。在第三章"半坡鱼祭场地布局与八卦母图 六 半坡母系氏族鱼祭祭坛的布局 龟卜草筮"中他写道：

> 乌龟多卵，原始人类又将乌龟作为男根的象征加以崇拜。于是，人们遂将乌龟奉为神灵，将龟甲奉为圣物，用以推占吉凶。（《生殖崇拜文化论》，中国社会科学出版社，页139）

根据这个观点，我们首先就能够解释，为什么 Kūrma（龟）竟能同字根 √kr "创造"（创造世界）联系起来，龟是天地的创造者，因为它是男根的象征。不用这个观点来解释这个现象，我们就难以理解，无法理解。饶先生在他的这篇文章中引用《管子·水地篇》："龟生于水，发之于火，于是为万物先，为祸福正。"龟怎么会"为万物先"呢？这不也暗示出龟是天地万物的创造者吗？在饶先生本论文集其他一些文章中，也可以找到一些与天地初辟的神话有关的论述。比如《中国古代何以无史诗？——近东开辟史诗（Enuma Elis）汉译本前言》，讲到西亚开辟史诗，认为在开辟之初，什么东西都没有。这同中国古代开辟神话以及古代印度《梨俱吠陀》中的哲学赞歌内容几乎完全相同。西亚神话中的 Apsû 和 Tiamat 夫妇，在中国和印度神话中也能找到对应物。所有这一些天地开辟的神话，都不难用生殖崇拜的观点来解释。请参阅拙文《〈梨俱吠陀〉几首哲学赞歌新解》，这里不再重复。在饶先生上述论文

注21中，他提到了自己的论文《安荼论（Aṇḍa）与吴晋间之宇宙观》。关于他这一篇论文，我认为，也应当用生殖崇拜的观点来解释，见关于《梨俱吠陀》哲学赞歌的拙文，请参阅。

在我那篇论文的结尾处（页249），我写了几句话：

> 我只是觉得，饶文没有讲到生殖崇拜，赵书没有注意到安荼论对中国的影响，似乎有点遗憾，所以就写了这一篇短文。

现在饶先生的《上古史探索》出来了，我仍然感到同样的遗憾，特别是在印度生殖崇拜之风，既悠久，又普遍。此意黑格尔已经谈到过，至今印度还到处可见男根的象征 liṅga，还有比这更明显的生殖崇拜吗？

但是，用生殖崇拜的观点来解释神话和古史，并不是每个学者都同意的，也许还有人认为这是骇人听闻的论调，我也不敢强加诸饶先生。可是我既然"参加讨论"，就不能不直言不讳。我就是抱着这个态度，写了这一篇序文。

1990 年 9 月 18 日

从中国文化特点谈王国维之死

将近六十年前在清华读书时，经常徘徊在"王静安先生纪念碑"前，和同学们指指点点，谈论陈寅恪先生写的纪念碑文。其中有几句话：

> 士之读书治学，盖将以脱心志于俗谛之桎梏，真理因得以发扬。思想而不自由，毋宁死耳。斯古今仁圣所同殉之精义，夫岂庸鄙之敢望。先生以一死见其独立自由之意志，非所论于一人之恩怨，一姓之兴亡。

与此事有联系的，寅恪先生还有一段话：

> 凡一种文化值衰落之时，为此文化所化之人，必感苦痛，其表现此文化之程量愈宏，则其所受之苦痛亦愈甚；迨既达极深之厚，殆非出于自杀无以求一己之心安而义尽也。（《王观堂先生挽词并序》）

这些话意思是明白的，但是我们却觉得，它与王静安先生之死挂不上钩。静安先生自己写得非常清楚："五十之年，只欠一死。经此事变，义无再辱。"原来溥仪被驱逐出宫时，他曾与罗振玉、柯绍忞等相约同殉，后未果，他认为这是耻辱。到了1927年，韩复榘兵临北平城下，他不想再一次受辱了，于是自沉于颐和园内昆明湖。这是一种忠君思想，是再清楚不过的了，同什么"俗谛""思想自由"，又同什么"文化"有何关联呢？这个问题多年来耿耿于怀，没有得到认真的解决。我也就把它放到一边，不再考虑。

最近，我因为给一册纪念寅恪先生的论文集写一篇序，又认真读了一些陈先生的著作，浏览了时贤关于他的专著和论文。有的学者在自己的著作中谈及王静安先生之死，做了一些解释。读了以后，我学习了不少的东西，得到了许多启发。可是将近六十年前我碰到的那个问题，仍然没有解决。学者们的一些看法，我认为有点隔靴搔痒，没有搔到痒处。在这样的情况下，我只好重新独立思考了。我觉得，要想满意地回答我的问题，只能从中国文化的特点出发来考虑、探讨。

什么叫作文化呢？世界各国的学者给文化下的定义，据说有好几百个。定义数目这样多，正好证明这个问题并没有解决，难以解决。我现在不想再给定义的宝库增添新的负担，我个人没有这个能力，也认为没有必要。我只想考虑一下中国文化的特点，由此来解决自己的问题。

世界各国人民的文化有共性，也有个性。中国文化的个性或者特点是什么呢？讨论这个问题的学者也是非常多的。我不想远求，我顺手拿过了一本《中国文化书院讲演录第一集：论中国传统文化》，又随便从里面选了四位学者的文章，加以节引。第一位是梁漱溟先生，他在《中国文化要义》中说：

> 中国人的心思、思想、精神用到哪里去了呢？用到人与人之间去了，用到人伦关系上面去了。所谓父慈子孝、兄友弟恭、夫妇和好都是人与人之间的关系问题、人伦的问题。

第二位是冯友兰先生，他在《中国哲学的特质》中说：

> 中国文化有一个特点，就是对人的评价很高……中国的文化讲的是"人学"，着重的是人。中国哲学的特点就是发挥人学，着重讲人。

庞朴先生是我想提到的第三位学者，他在《中国文化传统的继承和发扬问题》中说：

> 我想是不是可以说人文主义是中华文化的一个精神呢……孔子的一个很重要的概念就是"仁义礼智信"中的那个"仁"字，就是以人为本位，以人作为自己学说的目的，是尊重人的一种学说。

第四位是任继愈先生，他在《唐宋以后的三教合一思潮》中说：

任何一个理学家都认为三纲五常是与生俱来的，天地间的至理，最高真理，不能问为什么要忠君、孝父母，因为这是人类善的本性的必然要求，这种天性与生命共存亡，只要活着就必须在这个规律中生活。

学者们的意见就征引到这里。他们的说法虽然似乎有一些差异，但是意思则基本上是一致的，也就是说，他们认为，中国文化的特点，在于重视人，重视人的社会关系和伦理关系。我认为，这种看法是正确的，是同我经过长时期考虑的结果相一致的。

　　这样一来，王静安先生之死的原因与中国文化的特点完全可以挂上钩了。既然中国文化偏重伦理道德方面，与西洋和印度的迥乎不同，那么，中国伦理道德的骨架是三纲六纪，君为臣纲是三纲之一。王静安之死表面上是臣殉君，事实上也是臣殉君，但从更深一层的内涵上来看，说他是殉中国文化，不是也完全合情合理吗?寅恪先生关于王静安先生之死的那一些话不就完全豁然开朗了吗?

1990 年 10 月 26 日

中国文化的内涵*

　　我曾经把文化分为两类：狭义的文化和广义的文化。狭义指的是哲学、宗教、文学、艺术、政治、经济、伦理、道德等等。广义指的是包括精神文明和物质文明所创造的一切东西，连汽车、飞机等等当然都包括在内。

　　周一良先生曾把文化分为三个层次：狭义的、广义的、深义的。前二者用不着再细加讨论，对于第三者，深义的文化，周先生有自己的看法。他说：

> 　　在狭义文化的某几个不同领域，或者在狭义和广义文化的某些互不相干的领域中，进一步综合、概括、集中、提炼、抽象、升华，得出一种较普遍地存在于这许多领域中的共同东西。这种东西可以称为深义的文化，亦即一个民族文化中最为本质或最具有特征的东西。（《中日文化关系史论》，江西人民出版社，1990年，页18）

---

　　* 本文节选自作者为《陈寅恪先生百年诞辰纪念论文集》写的序。

他举日本文化为例，他认为日本深义的文化的特质是"苦涩""闲寂"。具体表现是简单、质朴、纤细、含蓄、古雅、隐而不发、不事雕饰等。周先生的论述和观察，是很有启发性的。我觉得，他列举的这一些现象基本上都属于民族心理状态或者心理素质，以及生活情趣的范畴。

把这个观察应用到中华民族文化上，会得到什么结果呢？我不想从民族心态上来探索，我想换一个角度，同样也能显示出中华文化的深层结构或者内涵。

在这个问题上，寅恪先生实际上已先我着鞭。在《王观堂先生挽词·序》中，寅恪先生写道：

> 吾中国文化之定义，具于《白虎通》三纲六纪之说，其意义为抽象理想最高之境，犹希腊柏拉图所谓 idea 者。

我觉得，这是非常精辟的见解。在下面谈一下我自己的一些想法。中国哲学同外国哲学不同之处极多，其中最主要的差别之一就是，中国哲学喜欢谈论知行问题。我想按照知和行两个范畴，把中国文化分为两部分：一部分是认识、理解、欣赏等等，这属于知的范畴；一部分是纲纪伦常、社会道德等等，这属于行的范畴。这两部分合起来，形成了中国文化。在这两部分的后面存在着一个最为本质、最具有特征的、深义的中华文化。

寅恪先生论中国思想史时指出：

南北朝时，即有儒释道三教之目……故自晋至今，言中国之思想，可以儒释道三教代表之。此虽通俗之谈，然稽之旧史之事实，验以今世之人情，则三教之说，要为不易之论……故两千年来华夏民族所受儒家学说之影响，最深最巨者，实在制度法律公私生活之方面，而关于学说思想之方面，或转有不如佛道二教者。（《金明馆丛稿二编》，页250—251）

事实正是这个样子。对中国思想史仔细分析，衡之以我上面所说的中国文化二分说，则不难发现，在行的方面产生影响的主要是儒家，而在知的方面起决定作用的则是佛道二家。潜存于这二者背后那一个最具中国特色的深义文化，是三纲六纪等伦理道德方面的东西。

专就佛教而言，它的学说与实践也有知行两个方面。原始佛教最根本的教义，如无常、无我、苦以及十二因缘等等，都属于知的方面。八正道、四圣谛等，则介于知行之间，其中既有知的因素，也有行的成分。与知密切联系的行，比如修行、膜拜以及涅槃、跳出轮回，则完全没有伦理的色彩。传到中国以后，它那种无父无君的主张，与中国的三纲六纪等等，完全是对立的东西。在与中国文化的剧烈冲击中，佛教如果不能适应现实情况，必然不能在中国立定脚跟，于是佛教只能做出某一些伪装，以求得生存。早期佛典中有些地方特别强调"孝"字，就是歪曲原文含义以适应中国具有浓厚纲纪色彩文化的要求。由此也可见中国深义文化力量之大、之不可抗御了。

这一点，中国不少学者是感觉到了的。我只举几个例子。这些例子全出于中国文化书院讲演录第一集：《中国文化书院讲演录第一集：论中国传统文化》。

梁漱溟先生说：

> 中国人把文化的重点放在人伦关系上，解决人与人之间怎样相处。

中国文化的内涵

冯友兰先生说：

> 基督教文化重的是天，讲的是"天学"；佛教讲的大部分是人死后的事，如地狱、轮回等，这是"鬼学"，讲的是鬼；中国的文化讲的是"人学"，注重的是人。

庞朴先生说：

> 假如说希腊人注意人与物的关系，中东地区则注意人与神的关系，而中国是注意人与人的关系，我们的文化的特点是更多地考虑社会问题，非常重视现实的人生。

这些意见都是非常正确的。事实上，孔子就是这种意见的代表者。"子不语怪、力、乱、神"，就是证明。他自己还说过："未知生，焉知死。"

国外一些眼光敏锐的思想家也早已看到了这一点，比如德国最伟大的诗人歌德，就是其中之一。1827年1月29日同埃克曼谈"中国的传奇"时，他说：

> 中国人在思想、行为和情感方面几乎和我们一样，使我们很快就感到他们是我们的同类人，只是在他们那里一切都比我们这里更明朗，更纯洁，也更合乎道德……还有许多典故都涉及道德和礼仪。正是这种在一切方面保持严格的节制，使得中国维持到几千年之久，而且还会长存下去。（《歌德谈话录》，朱光潜译，页112）

连在审美心理方面，中国人、中国思想、中国文化都有其特点。日本学者岩山三郎说：

> 西方人看重美，中国人看重品。西方人喜欢玫瑰，因为它看起来美。中国人喜欢兰竹，并不是因为它们看起来美，而是因为它们有品。它们是人格的象征，是某种精神的表现。这种看重品的美学思想，是中国精神价值的表现，这样的精

神价值是高贵的。（引自蒋孔阳《中国古代美学思想与西方美学思想的比较》）

我在上面的论述，只是想说明一点：中国文化同世界其他国家的文化，既然同为文化，必然有其共性。我在这里想强调的却是它的特性。我认为，中国文化的特性最明显地表现在或者可以称为深义的文化上，这就是它的伦理色彩，它所张扬的三纲六纪，以及解决人与人之间的关系的精神。

1990 年

陈寅恪先生的为学与为人[*]

　　义宁（今江西修水）陈寅恪先生逝世后二十余年内，随着时间的推移，他的道德、文章越来越闪耀出灿烂的光芒，他的真面目越来越为人们所窥见。有人著文，把他同王静安（国维）、章太炎（炳麟）并列为中国近代国学三大师，得到了学者们广泛的赞同。中外华人及非华人的学者研究寅恪先生者日益增多，出版的专著也日益引人注目，赞誉之声洋洋乎盈耳矣。

　　在这样的情况下，1988年，广州中山大学召开了"纪念陈寅恪教授国际学术讨论会"，出版了《论文集》；1989年，北京大学中国中古史研究中心出版了《纪念陈寅恪先生诞辰百年学术论文集》。两本论文集刊载了中外学人的论文77篇，流传海内外，得到了普遍的好评，产生了巨大的影响。

　　现在，寅恪先生居住工作了多年的清华大学又召开了纪念座谈会，倡议出版这一本论文集。寅恪先生桑梓之邦的江西教育出版社慨然应允出版，负担全部费用。这一义

---

　　[*] 本文是作者为《陈寅恪先生百年诞辰纪念论文集》写的序。

举感激者恐怕不只是寅恪先生的家属和弟子们了。

本论文集内容丰富充实，著文者皆博学之士，襄赞者实通识之人。他们对寅恪先生著作研究多年，素有心得，发之为文，必能闳中肆外，读者自能鉴别，无待饶舌。主编王永兴教授征序于予，实非始料所及，既感且愧。以予愚鲁，视寅恪师如鹪鹩饮海，蝼蚁观山，何足以窥先生堂奥。然而作为先生弟子之一，为先生纪念论文集作序，似又为不可推卸之责任。遂不顾佛头着粪之讥，略本艺海拾贝之精神，毅然承担下来。愚者千虑，或有一得乎？

寅恪先生热爱祖国，热爱祖国文化，为人刚正不阿，治学博大精深。全面论述，实为我能力所不逮。现在仅就下列四点，谈一谈自己的一些体会。

一、"预流"问题

各国学术发展史都告诉我们一个事实：学术同宇宙间万事万物一样，都不能一成不变，而是要随时变动的。变动的原因多种多样，但最重要的不外两项，一是新材料的发现，一是新观点、新方法的萌生。梁启超论晚清时代中国学术发展时说：

> 自乾隆后边徼多事，嘉道间学者渐留意西北边新疆、青海、西藏、蒙古诸地理，而徐松、张穆、何秋涛最名家。松有《西域水道记》《汉书西域传补注》《新疆识略》，穆有《蒙古游牧记》，

秋涛有《朔方备乘》，渐引起研究元史的兴味。
至晚清尤盛。外国地理，自徐继畬著《瀛寰志
略》，魏源著《海国图志》，开始端绪，而其后竟
不光大。近人丁谦于各史外夷传及《穆天子传》
《佛国记》《大唐西域记》诸古籍，皆博加考证，
成书二十余种，颇精瞻。（《清代学术概论》）

这里讲了晚清时代一些新学问的开端，但是没有着重讲新
材料的发现。王国维补充了梁启超的话。他说：

古来新学问之起，大都由于新发见之赐。有
孔子壁中书之发见，而后有汉以来古文家之学。
有赵宋时古器之出土，而后有宋以来古器物古文
字之学。唯晋时汲冢竹书出土后，因永嘉之乱，
故其结果不甚显著。然如杜预之注《左传》，郭
璞之注《山海经》，皆曾引用其说，而《竹书纪
年》所记禹、益、伊尹事迹，至今遂成为中国史
学上之重大问题。然则中国书本上之学问，有赖
于地底之发见者，固不自今日始也。（《女师大学
术季刊》，第一卷，第四期，附录一：《近三十年
中国学问上之新发见》，王国维讲，方壮猷记注）

静安先生对新材料之发现能推动新学问之诞生，从中国学
术史上加以阐述，令人信服。他把"新发现"归纳为五
类：一、殷墟甲骨；二、汉晋木简；三、敦煌写经；四、

内阁档案；五、外族文字。王静安先生的总结完全是实事求是的，是非常正确的。

寅恪先生也发表了类似的意见：

> 一时代之学术，必有其新材料与新问题。取用此材料，以研求问题，则为此时代学术之新潮流。治学之士，得预于此潮流者，谓之预流（借用佛教初果之名）。其未得预者，谓之未入流。此古今学术史之通义，非彼闭门造车之徒，所能同喻者也。（《陈垣〈敦煌劫余录〉序》，见《金明馆丛稿二编》，上海古籍出版社，1980 年，页 236）

他借用了佛教现成的术语，生动地、形象地提出了"预流"问题。我个人认为，不能再有比这更恰当的表述方法了。根据这个标准，历代许多大学者都有一个预流的问题。不预流，就无法逃脱因循守旧、故步自封的窘境，学术就会陈陈相因，毫无生气，也决不可能进步。征之中外学术史，莫不皆然。王静安先生是得到了预流果的。中国近代许多著名的学者，也都是得到了预流果的。中国近代学术之所以彪炳辉煌，远迈前古，其根源就在这里。

而在众多的获得预流果的学者中，寅恪先生毫无疑问是独领风骚的。他的成就之所以超绝人寰，关键就在这里。王静安先生列举的五类新发现，寅恪先生都有所涉猎。但是，人们都知道，他做学问最为慎重，他深知博与约的辩证关系，他决不炫学卖弄，哗众取宠，研究任何问题，都有竭泽而渔的气概，必须尽可能地掌握全部资料，后从中抽绎出理论性的结论来。他之所以自称为"不古不今之学"，正是他这种精神的表现。他自谦不通的学问，按之实际，也比一些夸夸其谈者高明不知多少倍。从他一生治学的道路来看，他是由博返约的。中晚年以后，治学比较集中。他非常尊重静安先生，"风义平生师友间"的诗句可以为证，但是他对王先生的经常改换题目，也还是有看法的。

他自己在静安先生列举的五类中，根据由博返约的精神，最后集中在敦煌写经和外族文字上，在历史研究方面，最后集中到隋唐史和明清之际的社会史上。生平学术创获也多在这几个方面。总之，寅恪先生是预流的楷模。连中印文化关系史方面许多创获，也与此有关。他永不满足于已有的结论，在他一生学术追求中，他总是站在"流"的前面。

二、继承和发扬乾嘉考证学的精神，
吸收德国考证学的新方法

这一章主要谈寅恪先生的治学方法。对一个学者来说，治学方法是至关重要的，可惜在今天的学术界难得解人矣。我不认为，我们今天的学风是完美无缺的。君不见，在"学者"中，东抄西抄者有之，拾人牙慧者有之，不懂装懂者有之，道听途说者有之，沽名钓誉者有之，哗众取宠者有之，脑袋中空立一论，不惜歪曲事实以求"证实"者更有之。这样的"学者"就是到死也不懂什么叫治学方法。

寅恪先生十分重视自己的治学方法。晚年他的助手黄萱女士帮助他做了大量的工作，可以说是立下了大功。有一次，寅恪先生对她说："你跟我工作多年，我的治学方法你最理解。"黄女士自谦不很理解，寅恪先生一叹置之。他心中的痛苦，我们今天似乎还能推知一二，可惜我们已经回天无力，无法向他学习治学方法了。现在我来谈寅恪先生的治学方法，实在有点不自量力，诚惶诚恐，但又觉得不谈不行。因此，我谈的只能算是限于个人水平的一点学习心得。

什么是寅恪先生的治学方法呢？

一言以蔽之，曰考据之学。

这是学术界的公言，不是哪一个人的个人意见，汪荣祖先生在《史家陈寅恪传》中再三强调这一点，这是很有见地的。但是陈先生的考据之学又绝不同于我们经常谈的考据之学，它有它的特点，这一方面出于治学环境，一方面又出于个人禀赋。寅恪先生家学渊源，幼承庭训，博通经史，泛览百家，对中国学术流变，了若指掌，又长期留学欧美日本，对欧美学术，亦能登堂入室，再加上天赋聪明，有非凡的记忆力，观察事物，细致入微。这两个方面，都表现在他的考据学上，形成了独特的风格。具体地说就是，他一方面继承和发扬了中国乾嘉考据学的精神，一方面又吸收了西方，特别是德国考据学的新方法，融会中西，一以贯之。据我个人的体会，寅恪先生考据之学的独特风格，即在于此。我在下面分两部分论述一下。

（一）中国的考据学

在中国学术史上，考据学同所谓汉学有密切的联系，是汉学家所使用的治学主要方法。在学者之间，虽然也有一些分歧，但是大体上是一致的。汉学是对宋学的一种反动，滥觞于明末清初，大盛于乾嘉时代，考据学大体上也是这样。详细论述，请参阅梁启超《清代学术概论》及《中国近三百年学术史》，钱穆《中国近三百年学术史》。

什么叫考据（或证）学呢?梁启超在《清代学术概论》中有几句扼要的话：

> 其治学根本方法，在"实事求是""无征不信"；其研究范围，以经学为中心，而衍及小学、音韵、史学、天算、水地、典章制度、金石、校勘、辑逸等等；而引证取材，多极于两汉，故亦有"汉学"之目。

钱穆在《中国近三百年学术史》第四章讲顾亭林时，对考证学做了细致的分析：

> 故治音韵为通经之钥，而通经为明道之资。明道即所以救世，亭林之意如是。乾嘉考证学，即本此推衍，以考文知音之工夫治经，即以治经工夫为明道，诚可谓亭林宗传。顾亭林此书，不仅为后人指示途辙，又提供以后考证学者以几许重要之方法焉。撮要而言，如为种种材料分析时代先后而辨其流变，一也。（中略）其次则每下一说，必博求佐证，以资共信，二也。《四库全书日知录提要》，谓

炎武学有本原，博赡而能贯通。每一事必详其始末，参以佐证，而后笔之于书。故引据浩繁，而牴牾者少。语必博证，证必多例，此又以后考证学唯一精神所寄也。亭林之治音学，其用思从明其先后之流变而入，其立说在博求多方之证佐而定，此二者皆为以后乾嘉考证学最要法门。

在后面，钱穆又引了方东树《汉学商兑序》的话，把清儒治考证者分为三派。都可以说是深中肯綮的。事实上，清代考证学总是不断发展的。全盛时期的代表人物，如惠栋、戴震、段玉裁、王引之、王念孙等等，考证方法大同中有小异。到了章学诚，又提出了"六经皆史"的论点，又前进一步了。

　　总的来看，寅恪先生继承了这个考证学的传统，但是，他又发展了或者超越了这个传统。何以说是"超越"呢?我个人认为，这主要表现在两个方面：一个是他强调在史实中求史识；一个是他大大地扩大了传统的"小学"的范围。

　　所谓"史识"，是不是就是历史发展的规律?是，但又不全是。探索规律性的东西，所有的考据学家都能做到，做不到这一步，考据也就失去了意义。乾嘉诸老都能做到，可惜他们就到此为止。据我个人的观察，在这一点上，乾嘉诸老与明末清初考证学的开创者稍有不同。根据钱穆的叙述，顾炎武主张"明道""救世"，他当然也在考证中寻求规律，但是"明道""救世"却超出了规律。这同所谓"义理"有类似之处，义理不能等同于规律，这种"明道""救世"的理想，到了乾嘉时代，由于客观环境的变化，已经消失。学者们囿于所习，

中国文化的内涵

只在故纸堆中寻求规律，把义理忘记了。寅恪先生却不然，他的专著和文章，不管多长多短，都展现了他那种严密考证的才能，其中都有规律性的结论。但是他却决不到此为止，决不为考证而考证，他那种悲天悯人、明道救世的精神，洋溢于字里行间，稍微细心的读者都能觉察。在这一点上，他同宋代大史学家司马光颇有"灵犀一点通"之处。他之所以推崇宋学，原因大概也就在这里吧。

讲到"小学"，也就是语言文字学，从顾炎武到乾嘉诸老，无不十分重视。顾亭林的话有代表意义："读九经自考文始，考文自知音始。以至于诸子百家之书，亦莫不然。"（《文集》卷四，《答李子德书》）但是，他们的小学，实际上只限于汉语。这当然有极大的局限性。到了寅恪先生手中，小学的范围大大地扩大了。古代外族语言和少数民族语言，无不供他驱使。这样一来，眼界和研究方法都大大地扩大，其所得到的结论当然也就今非昔比了。乾嘉诸老自不能望其项背矣。

（二）德国的考据学

德国学术发展史，不同于中国。他们治学的方法不可能叫作考据学。但是，德国的民族性中有一突出的特点，这就是所谓的"彻底性"（Gründlichkeit），也就是一种打破砂锅问到底的劲头。这种劲头与中国的考据学有相通之处。19世纪，比较语言学在德国取得了其他国家都赶不上的辉煌成就，与这种民族性有密切联系。19世纪至20世纪的梵文研究，也表现了这种精神。

寅恪先生曾在几个欧美国家留学，在德国时间最长，受业于 Heinrich Lüders 诸大师，学习梵语及其他古代语言文字，深通德国学者的治学方法。结果他把中国考据学和德国考据学严密地结合起来，融会贯通，再济之以德国的彻底性，著为文章。在考证方面，别人在探索时能深入二三层，就已经觉得不错了，再进就成了强弩之末，力不从心了；而寅恪先生则往往能再深入几层，一直弄个水落石出，其结论当然深刻多了。

但是，他学习德国考据学，并非奴隶式地模仿。在加注方面，他不学习德国学者半页加注的做法，他的办法毋宁说是更接近中国传统做法，脚注极少。有的地方，他又超越了德国考据学。德国学者往往只求规律，不讲义理，而寅恪先生则是正如我上面所说的，规律与义理并重。这一点，只要读一读两方面的文章，立刻就能感觉到。

归纳以上所论，寅恪先生实集中德两方考据学之大成。当代中国有些学者往往视考据学为一时一派之方法，其实这是完全错误的。在相当长的一段时间内，中国曾大批考据学，大有当代堂·吉诃德之势，及今思之，实觉可笑。其实只要搞学问，就要有资料，首先必须把资料搞清楚：真伪如何？时代如何？来源如何？演化如何？相互关系又如何？不这样也是不可能的。史料不清，而贸然下结论，其结果必然是南辕而北辙，不出笑话者几希。

我认为，Heinrich Lüders 和寅恪先生为中西两个考据学大师。Lüders 在世界上享有极高的声誉。印度发现了新碑铭，读不懂，就说：找 Lüders 去。他被公认为是近代最伟大的梵文学家。他同寅恪先生有很多共同之处。他们考证名物，旁征博引，分析入微，如剥芭蕉，渐剥渐深。开始时人们往往不能理解，为什么这样假设，但是，只要跟着他们"剥"下去，到最后，必然是"山重水复疑无路，柳暗花明又一村"，茅塞顿开，豁然开朗了。我读他们两人的极端烦琐、貌似枯燥的考证文章，认为是极大的享受，远远超过中外文学名著，并世并无第三人。同意我的意见的，大有人在，不同意者当然也同样大有人在。俗话说，敲锣卖糖，各干各行，不能强求的。不管怎样，他们两人的著作，我总是爱不释手。他们那种天外飞来的奇思，于没有联系中看出联系，于平淡中看出深邃，读到会心处，直欲"浮一大白"，当年灵山会上，如来拈花，迦叶微笑。世间没有佛祖，我也决非迦叶。但是，我和我的志同道合者们对两位大师的著作的爱好，难道同这个神话故事所表达的意蕴，没有相通之处吗？

要在寅恪先生的著作中找具体的例子，那就俯拾即是，几乎每一篇文章都是。他在文章中喜欢用"发古人未发之覆"这样的词句，事实上，他自己正是这样做的。文章不管多长多短，无不发覆，无不有新的见解。我在这里只顺手举出几个例子来。王羲之为古今书圣，古人论之者、誉之者众矣，但是没有哪个人真能解释他爱鹅的原因，寅恪先生在《天师道与滨海地域之关系》中解开了这个千古之谜。韩愈古文运动的真正原因，古今论者也没有哪一个能说清楚，寅恪先生在《元白诗笺证稿·长恨歌章》和《论韩愈》中解释了其中的前因后果。支愍度之所以提倡"心无义"，以及什么叫"心无义"，寅恪先生在《支愍度学说考》中讲得一清二楚。这样的例子是举不完的。他的每一部书、每一篇文章，都能解决一个或多个别人从来没有解决，也想不到去解决的问题。这已经是众所周知的事实，无须再详细论证了。

寅恪先生还有一种令人惊奇的本领，不管什么资料，不管是正史，还是稗官野史，到了他手中都能成为珍贵的史料。他从来不炫学卖弄，也不引僻书，他用的资料都是极为习见的，别人习而不察，视而不见，经他一点，粗铁立即化为黄金；牛溲、马勃、败鼓之皮，一经他的手，立即化腐朽为神奇。这也是大家都承认的事实，也无须再详细论证了。

寅恪先生之所以有这种本领，一则由于天赋，再则由于博学。根据我个人的体会，他还有一个脑筋里经常考虑问题的习惯。他无论何时都在认真、细致地研究问题。有一次他问我，《高僧传·佛图澄传》中有两句铃音："秀支替戾冈，仆谷劬秃当。"这是什么语言？可见这个问题在他头脑中恐怕是历有年所了。

以上所论，仅仅是个人的一点体会。限于水平，我目前只能体会到这个程度。我觉得，寅恪先生实际上已经将清儒所说的义理、辞章、考据三门大学问集于一身。从他生前起，学者们（比如郑天挺教授）就称他为"教授之教授"，决非溢美之词，恐怕已是天下之公言了。

三、为中国文化所化之人

什么是文化？据说中外学人下的定义有数百种之多，可见文化含义之难以捉摸。寅恪先生没有给文化下过定义，但是他对文化的态度、看法或者观点，却是异常明确的，他也最喜欢谈论文化。这里有他的一个特点，他从不泛泛地讨论文化问题，而是结合具体的人或事，谈自己对文化的看法。他有时候连文化这个词儿都不用，但实际上谈的却是不折不扣的文化问题。

我想从下列三个方面，探讨寅恪先生与中国文化的关系问题：

（一）中国文化的内涵；

（二）对外来文化与本土文化的态度；

（三）文化与气节。

（一）　中国文化的内涵*

（二）　外来文化与本土文化

寅恪先生虽然强调中国本位文化，但是他非但不是文化排外主义者，而且还承认中国吸收外来文化这件历史事实，并且在这方面做了大量的探讨发覆的工作，论证了吸收外来文化的必要性。他说：

> 窃疑中国自今日以后，即使能忠实输入北美或东欧之思想，其结局当亦等于玄奘唯识之学，在吾国思想史上，既不能居最高之地位，且亦终归于歇绝者。其真能于思想上自成系统，有所创获者，必

---

*《中国文化的内涵》已作为本书的一篇单独的文章为读者呈现，这里不再赘述。

须一方面吸收输入外来之学说，一方面不忘本来民族之地位。此二种相反而适相成之态度，乃道教之真精神，新儒家之旧途径，而二千年吾民族与他民族思想接触史之所昭示者也。（《金明馆丛稿二编》之冯友兰中国哲学史下册审查报告，页252）

这一段话里包含着十分深刻的思想。对外来文化，盲目输入，机械吸收，必然会等于玄奘唯识之学。只有使吸收外来文化与保存本土文化相辅相成，把外来文化加以"变易"，它才能成为本土文化的一部分，而立定脚跟。

吸收的过程十分曲折又复杂。两种文化要经过互相撞击、互相较量、互相适应、互相融汇等等阶段，最后才能谈到吸收。在这个很长的过程中，外来文化必须撞掉与本土文化水火不相容的那一部分，然后才能被接纳。佛教传入中国以后，提供了大量的这样的例子，生动而又具体。正是寅恪先生，在这方面做了大量的探索研究工作，写过大量的论文，有兴趣者可以自己去读他的原作，我在这里不可能一一列举。

但是，我仍然想举两个简单的例子。第一个是关于"道"字的译法问题。唐代初年，印度方面想得到老子《道德经》的梵文译本，唐太宗把翻译的任务交给了玄奘。玄奘把至关重要的"道"字译为梵文 Mārga（末伽）。但是那一群同玄奘共同工作的道士都大加反对，认为应该用佛教术语"菩提"来译。这个例子颇为有趣。中国和尚主张直译道家哲学中最重要的术语"道"字，而中国道士反而偏要用佛教术语。在这之前，晋代的慧远《大乘义章》中已经谈到这个问题：

> 译言：外国说"道"名多，亦名"菩提"，亦
> 曰"末伽"。如四谛中，所有道谛，名"末伽"矣。
> 此方名少，是故翻之，悉名为"道"。与彼外国"涅
> 槃""毗尼"此悉名"灭"，其义相似。

谈到这里，寅恪先生说道：

> 盖佛教初入中国，名词翻译，不得不依托较为
> 近似之老庄，以期易解。后知其意义不切当，而教
> 义学说，亦渐普及，乃专用对音之"菩提"，而舍置
> 义译之"道"。

请参阅《大乘义章书后》，见《金明馆丛稿二编》，页163。

第二个例子是《莲花色尼出家因缘》。里面有所谓七种咒
誓恶报，但仅载六种。经寅恪先生仔细研究，第七种实为母女
共嫁一夫，而其夫即其所生之子，真相暴露后，羞愧出家。寅
恪先生说道：

> 盖佛藏中学说之类是者，纵为笃信之教徒，以
> 经神州传统道德所薰习之故，亦复不能奉受。特以
> 其为圣典之文，不敢昌言诋斥。唯有隐秘闭藏，禁
> 绝其流布而已。《莲花色尼出家因缘》中聚麀恶报不
> 载于敦煌写本者，即由于此。

参阅《〈莲花色尼出家因缘〉跋》，见《寒柳堂集》，页155。

例子就举这两个。

第二个例子实际上又牵涉到我在上面谈过的文化分为知和行两部分的问题。我在这里想引一下，谈一谈从文化交流的角度上看印度文化的这两部分到了中国以后所处的地位。我们从印度吸收了不少的东西（当然中国文化也传入了印度，因为同我现在要讨论的问题无关，暂且置而不论）。仔细分析一下，印度文化知与行的部分，在中国有不同遭遇。知的部分，即认识宇宙、人生和社会的理论部分，我们是尽量地吸收，稍加改易，促成了新儒学的产生。中国道家也从佛教理论中吸收了不少东西，但是，在行的方面，我们则尽量改易。在中国的印度和中国佛教徒也竭力改变或掩盖那些与中国传统伦理道德相违反的东西，比如佛教本来是宣传无父无君的，这一点同中国文化正相冲突，不加以改变，则佛教就将难以存在下去。这一点我在上面已经谈到过，但是重点与此处不同。那里讲的是中国深义文化的伦理道德色彩，这里讲的是对印度文化知与行两部分区别对待问题。

（三）文化与气节

我在上面讲了中国文化的伦理道德的特点，以及由这个特点所决定的吸收印度文化的态度。现在我想谈一谈与此基本相同而又稍有区别的一个问题：文化与气节。

气节也属于伦理道德范畴，但是在世界各国伦理道德的学说和实践中，没有哪一个国家像中国这样强调气节。在中国古代典籍中，讲气节的地方不胜枚举。《孟子·滕文公下》也许是最具有典型意义的：

> 富贵不能淫，贫贱不能移，威武不能屈，此之谓大丈夫。

这样的"大丈夫"是历代中国人民的理想人物，受到广泛的崇拜。

中国历来评骘人物，总是道德文章并提。道德中就包含着气节，也许是其中最重要的成分。中国历史上有一些大学者、大书法家、大画家等等，在学问和艺术造诣方面无疑都是第一流的，但是，只因在气节方面有亏，连他们的学问和艺术都不值钱了，宋朝的蔡京和赵孟頫，明朝的董其昌和阮大铖等是典型的例子。在外国，评骘人物，气节几乎一点作用都不起。审美观念中西也有差别，这一点我在上面已经讲过。"岁寒然后知松柏之后凋也。"这样的伦理道德境界，西方人是难以理解的。

寅恪先生是非常重视气节的，他给予气节新的解释，赋予它新的含义。对于王静安先生之死，他在《清华大学王观堂先生纪念碑铭》中写道：

> 士之读书治学，盖将以脱心志于俗谛之桎梏，真理因得以发扬。思想而不自由，毋宁死耳。斯古今仁圣所同殉之精义，夫岂庸鄙之敢望。先生以一死见其独立自由之意志，非所论于一人之恩怨，一

姓之兴亡。

写到这里，已经牵涉到爱国主义，我在下面专章讨论这个问题。

四、爱国主义问题

爱国主义在中国有极悠久的历史传统。中国的知识分子，古代所谓"士"，一向有极强的参政意识。"天下兴亡，匹夫有责"就是这种意识的具体表现。从孔子、孟子、墨子等先秦诸子，无不以治天下为己任，尽管他们的学说五花八门，但是他们的政治目的则是完全一致的。连道家也不例外，否则也写不出《道德经》和《南华经》。他们也是想以自己的学说来化天下的。

仔细分析起来，爱国主义可以分为两种：狭义的与广义的。对敌国的爱国主义是狭义的，而在国内的爱国主义则是广义的。前者很容易解释，也是为一般人所承认的，后者则还需要说一下。中国历代都有所谓忠臣，在国与国或民族与民族之间的矛盾中出现的忠臣，往往属于前者。但也有一些忠臣与国际间的敌我矛盾无关。杜甫的诗"致君尧舜上，再使风俗淳"，确实与敌国无关，但你能不承认杜甫是爱国的吗？在中国古代，忠君与爱国是无法严格区分的。君就是国家的代表、国家的象征，忠君就是爱国。当然，中国历史上也出现过一些阿谀奉承的大臣。但是这些人从来也不被认为是忠君的。在中国伦理道德色彩极浓的文化氛围中，君为臣纲是天经地义。大臣们希望国家富强康乐，必须通过君主，此外没有第二条路。有些想"取而代之"的人，当然不会这样做，但那是另一个性质完全不同的问题，与我现在要谈的事情无关。真正的忠君，正如寅恪先生指出来的那样，"若以君臣之纲言之，君为李煜亦期之以刘秀"。这是我所谓的广义的爱国主义。

至于狭义的爱国主义，在中国也很容易产生。中国历代都有外敌，特别是在北方，几乎是从有历史以来，就有异族窥伺中原，不时武装入侵，想饮马黄河长江。在这样的情况下，为国家抛头颅、洒热血者，代有其人，这就是我所谓的狭义的爱国主义。

这里有一个关键问题，必须分辨清楚。在历史上曾经同汉族敌对过的一些少数民族，今天已经成为中华民族的一部分。有人就主张，当年被推崇为爱国者的一些人，今天不应该再强调这一点，否则就会影响民族团结。我个人认为，这个说法是完全不能接受的。我们是历史唯物主义者，当年表面上是民族之间的敌对行为，是国与国之间的问题，不是国内民族间的矛盾。这是历史事实，我们必须承认，怎么能把今天的民族政策硬套在古代的敌国之间的矛盾上呢？如果是这样的话，我们全国人民千百年来所异常崇敬的民族英雄，如岳飞、文天祥等等，岂不都成了破坏团结的罪人了吗？中国历史上还能有什么爱国者呢？这种说法之有害，之不正确，是显而易见的。

谈完了我对爱国主义的一般看法，现在我想专门谈寅恪先生一家三代人的爱国主义。我认为，他们的爱国主义既包

陈寅恪先生的为学与为人

括狭义的，也包括广义的。下面分别谈一谈。

我想从寅恪先生的祖父陈宝箴谈起。他生于1831年（道光十一年），虽然出身书香世家，但一生只是一名恩科举人，并没有求得很高的功名。他一生从政，办团练，游幕府，受到了曾国藩的提拔，最后做到了湖南巡抚。他生在清代末叶，当时吏治不修，国家多事，贪污腐化，贿赂公行，外有敌寇，内有民变，真正是多事之秋。也许正是这样的环境，催生了他的爱国之心。1860年，他在北京参加会试，正值英法联军入寇京师，咸丰北狩，恶寇焚毁圆明园时，他正在酒楼上饮酒，目睹西面火光冲天，悲愤填膺，伏案痛哭。1894年，甲午对日抗战失败，中国又被迫签订《马关条约》，宝箴曾痛哭道："无以为国矣。"此时清王朝如风中残烛，成为外寇任意欺凌的对象。他这种爱国真情，是属于狭义的爱国主义的。（参阅汪荣祖《史家陈寅恪传》）

1895年8月，陈宝箴被任命为湖南巡抚。这时正是新政风云弥漫全国的时候。他认为新政是富国强兵的有效措施，于是在湖南奋力推行，振兴实业，开辟航运，引进机器制造，另设时务学堂、算学堂、湘报馆、南学会、武备学堂等，开展教育文化事业；他引江标、黄遵宪、梁启超等了解外情的开明之士，共同努力；他的儿子陈三立（散原）也以变法开风气为己任，湖南风气一时为之大变。戊戌变法失败以后，宝箴受到严惩，革职永不叙用。为了拳拳爱国之心，竟遭到这样的下场，但是他却青史留名，永远受到人民的崇敬。在这里，他的爱国主义是广义的。

总之，陈宝箴先生可以说是集狭义爱国主义与广义爱国主义于一身的。

陈三立继承了父亲热爱祖国的精神。早年曾佐父在湖南推行新政，以拯救国家危亡。戊戌政变以后，他也受到革职处分。此后，他历经所谓推行新政，所谓勤王，袁世凯搞的所谓立宪运动，辛亥革命，洪宪丑剧，军阀混战，一直到国民党统治，日寇入侵，终其一生，没有再从政，但是，他却决非出世，决非退隐，他一刻也没有忘怀中国人民的疾苦。到了1937年，卢沟桥事变爆发，他正在北京，忧愤成疾。8月8日，日寇入城，老人已届耄耋之年，拒不进食，拒不服药，最终以身殉国。

散原老人也可以说是集狭义爱国主义与广义爱国主义于一身的。

至于寅恪先生，他上承父祖爱国主义之传统，一生经历较前辈更为坎坷，更为复杂。但是他曾历游各国，眼光因而更为远大，胸襟因而更为广阔，在他身上体现出来的爱国主义，含义也就更为深刻。

寅恪先生一生专心治学，从未参与政治，但他决非脱离现实的人物、象牙塔中的学者。他毕生关心世界大事，关心国家民族的兴亡，关心传统文化的继承与发展，并世学者，罕见其俦。这表明他继承了中国自古以来知识分子以天下为己任的优良传统，也表明了他爱国心切。颇有一些学者，表面上参政、议政，成为极活跃的社会活动家，然而，在他们心中，民族存亡、文化存续，究竟占有什么地位，是颇为值得怀疑的。

寅恪先生则不然，他表面上淡泊宁静，与世无争，实则在他的内心深处，爱国热情时时澎湃激荡。他的学术研究，诗文创作，无一非此种热情之流露，明眼人一看便知。李璜有一段话，很值得注意：

> 我近年历阅学术界之纪念陈氏者，大抵集中于其用力学问之勤、学识之富、著作之精，而甚少提及其对国家民族爱护之深与其本于理性而明辨是非善恶之切，酒酣耳热，顿露激昂。我亲见之，不似象牙塔中人，此其所以后来写出吊王观堂（国维）先生之挽词而能哀感如此动人也。（汪荣祖《史家陈寅恪传》，页36）

李璜这一段话是极有见地的。我对寅恪先生对王静安之死的同情，长久不能理解。一直到最近，经过了一番学习与思考，才豁然开朗。他们同样是热爱中国文化的，一种伦理道德色彩渗透于其中的深义的文化。热爱中国优秀的传统文化，就是爱国的一个具体表现。两位大师在这一点上"心有灵犀一点通"，因此静安之死才引起了寅恪先生如此伤情。

寅恪先生在政治上是能明辨是非的。国民党和蒋介石都没给他留下好印象。1940年，他到重庆去参加中央研究院评议会，见到了蒋介石。他在一首诗《庚辰暮春重庆夜归作》中，写了两句诗："食蛤那知天下事，看花愁近最高楼。"吴雨僧（宓）先生对此诗的注中说："已而某公宴请中央研究院到会诸先生，寅恪于座中初次见某公，深觉其人不足有为，故有此诗第六句。"参阅汪荣祖上引书，页84。

寅恪先生对共产党什么态度呢?浦江清的《清华园日记》

中讲道，寅恪先生有一次对他说，他赞成 Communism（共产主义），但反对 Russian communism（俄国共产主义）。这个态度非常明确。在过去某一个时期，这个态度被认为是反动的，及今视之，难道寅恪先生的态度是不可以理解的吗？

此时寅恪先生正在香港大学任教，我所谓"此时"，是指上面谈到的中央研究院开会之际。日军正在南太平洋以及东南亚等地肆虐。日军攻占了香港以后，寅恪先生处境十分危险。他是国际上著名学者，日寇当然不会轻易放过他。日军曾送面粉给陈家，这正是濒于断炊的陈家所需要的，然而寅恪先生全家宁愿饿死，也决不受此不义的馈赠。又据传说，日军馈米二袋，拒不受，并写诗给弟弟隆恪，其中有"正气狂吞贼"之句，可见先生的凛然正气，不愧为乃祖乃父之贤子孙，中华民族真正的脊梁。

就在这样的情况下，新中国成立了。我在上面已经说过，寅恪先生不反对共产主义。北京解放前夕，为什么又飞离故都呢？我认为，我们不应该苛求于人。我的上一辈和同辈的老知识分子，正义感是有的，分辨是非的能力也不缺少。国民党所作所为，他们目睹。可是共产党怎样呢？除了极少数的先知先觉者以外，对绝大多数的人来说，这还是个谜，他们要等一等，看一看。有的人留在北京看，有的人离开北京看，飞到香港和台湾去的只是极少数的人。寅恪先生飞到了广州，等到解放军开进广州的时候，他的退路还有很多条，到台湾去是一条，事实上傅斯年再三电催；到外国去，又是一条；到香港去，也是一条。这几条路，他走起来，都易如反掌，特别是香港，近在咫尺。他到了那里，不愁不受到热烈的欢迎，但是，他却哪里也没有去，他留在了广州。我想，我们只能得出一个结论：他热爱祖国，而这个祖国只能是中华人民共和国。

在广州，寅恪先生先后任教于岭南大学和中山大学，受到了周恩来总理和陈毅副总理等人的关怀照顾。但是，在另一方面，新中国成立后几十年中，政治运动此伏彼起，什么"批判"，什么"拔白旗"，等等，不一而足。不能说其中一点正确的东西都没有，但是，绝大部分是在极"左"的思想指导下进行的。这当然大大地挫伤了爱国知识分子的积极性。到了"十年浩劫"，达到了登峰造极的程度，影响了我们的经济建设，破坏了我国的优秀的传统文化，其危害之深，有目共睹，这里不再细谈了。

在这样的情况下，一向热爱祖国、热爱祖国文化、关心人民疾苦、期望国家富强的寅恪先生，在感情上必然会有所反应，这反应大部分表现在诗文中。在他那大量的诗作中，不能说没有调子高昂怡悦的作品，但是大部分是情调抑郁低沉的。这也是必然的，我们的工作有成绩，也有错误。寅恪先生不懂什么阿谀奉承，不会吹捧，胸中的愤懑一抒之于诗中，这有什么难以理解的呢？有些事情，在当时好多人是糊涂的。现在回视，寅恪先生不幸而言中，这一点唯物主义能不承认吗？到了"文化大革命"，黄钟毁弃，瓦釜雷鸣，一切是非都颠倒了过来。寅恪先生也受到了残酷的迫害，终至于不起，含恨而终。他晚年是否想到了王静安先生之死，不得而知。他同王同样是中国文化所托命之人，有类似的下场，真要"长使英雄泪满襟"了。

总之，我认为，寅恪先生同父祖一样，是把狭义的爱国主义与广义的爱国主义集于一身的。陈氏一门三忠义，这是一个客观事实。他们都是中国知识分子的杰出代表。

我在这里还想把寅恪先生等中国知识分子的爱国主义同西方的爱国主义对比一下。西方国家在资本主义原始积累以前，也就是在还没有侵略成性以前，所谓爱国主义多表现为争取民族的独立与自由的斗争。到了资本主义抬头，侵略和奴役亚、非、拉美时期，就没有真正的爱国主义，实际上只能有民族沙文主义。至于法西斯国家的"爱国主义"，则只能是想压迫别人、屠杀别人的借口，与真正的爱国主义毫无共同之处。中国则不然，过去我们有爱国主义的传统，这一点我在上面已经谈到过。到了近现代，中国沦为半殖民地，人为刀俎，我为鱼肉。在这种情况下，中国爱国的知识分子（当然也有别的人）拍案而起。我认为，这才是真正的爱国主义，而不是挂羊头，卖狗肉。

中国同西方国家的知识分子，还有一点是颇为不相同的，这就是，中国知识分子多半具有程度强烈不同的忧患意识。宋朝范仲淹著名的话"先天下之忧而忧，后天下之乐而乐"是最好的证明。我们一些俗语"人无远虑，必有近忧"等等，也表示了同样的意思。朱柏庐的《治家格言》说"宜未雨而绸缪，毋临渴而掘井"，这也已成为大家的信条。即使在真正的大好形势下，有一点忧患意识，也是非常必要的，而决无害处的。寅恪先生毕生富有忧患意识。我现在引他一段话：

　　余少喜临川新法之新，而老同涑水迂叟之迂。

　　盖验以人心之厚薄，民生之荣悴，则知五十年来，

如车轮之逆转，似有合于所谓退化论之说者。是以
论学论治，迥异时流，而迫于事势，噤不得发。
（《寒柳堂集》之读吴其昌撰梁启超传书后，页150）

就让这一段言简意深的话做本段的结束语吧。

我对寅恪先生的理解，就写到这里。寅恪先生的道德文
章，浩瀚无涯涘，以上所论只不过是我这样一个平凡的弟子，
站在自己所能达到的水平上，管窥蠡测的结果而已。

对寅恪先生的理解和认识，对任何人来说，都有一个过
程。我相信，陈学的研究现在仅仅是一个开端。在这一本纪念
论文集中，实多精彩之作，足可以反映出我们目前已经达到
的水平。这个水平当然还会逐渐提高的。随着研究水平的提
高，我中华民族优秀的传统文化的价值，也必将日益得到正
确的客观的认识。我始终相信，以寅恪先生等所代表的中国
文化，必将大放光芒。

1990 年 12 月 17 日

中国文化的内涵

禅宗是佛教中国化的产物[*]

印度禅法早就传入中国，后汉安世高，三国吴康僧会都译有这方面的经。到了南朝的宋代（420—479年），菩提达摩来到中国，成为中国禅宗的一世祖。这时的禅宗，印度色彩当然极浓。以后继续发展下去，到了唐代，禅宗内部分成了不少小宗派，什么南宗、北宗、牛头宗、净众宗、菏泽宗、洪州宗等等。到了五代，禅宗清凉文益的弟子天台德韶（891—972年）接受了吴越忠懿王的召请，成为国师。在南唐，禅宗也最为兴旺。这时的禅宗更进一步分成五家：沩仰宗、临济宗、曹洞宗、云门宗和法眼宗。这样的分宗，证明禅宗还有活力，而在分化的同时，印度色彩越来越淡，中国色彩越来越浓。自唐代至五代，逐渐出现了一批禅宗灯史。到了宋代，与禅宗的兴盛相适应，又出现了许多灯史，目的是明确禅宗传法灯的系谱。此时禅宗兴盛至极，借用日本学者镰田茂雄的一句话："禅宗成了宋代佛教界的元雄。"但是，中国禅宗的发展还没有尽期，它一直发展下去。到了元代，仍然借用镰田的话："在元代佛教诸派中，禅宗最为繁荣。"在明代，

---

[*] 本文节选自季羡林《中印文化交流史》一文。

"活跃于明代的僧侣，几乎都是禅宗系统的人"。一直到清代，甚至民国，禅宗依然颇有活力。（以上叙述的根据是镰田茂雄《简明中国佛教史》，上海译文出版社，1986年，郑彭年译，力生校）

禅宗为什么流行逾千年而经久不衰呢?我认为，这就是同化的结果。再仔细分析一下，可以归纳为两层意思。首先，一部分禅宗大师，比如百丈怀海，规定和尚必须参加生产劳动，认为"担水砍柴，无非妙道"。印度佛教本来是不让和尚劳动的。这种做法脱离群众，引起非议。中国禅宗一改，与信徒群众的隔阂就除掉了。这也符合宗教发展的规律。因此，在众多的佛教宗派中，禅宗的寿命独长。别的宗派几乎都销声匿迹，而禅宗巍然犹在。其次——这也是最主要的原因——禅宗越向前发展，越脱离印度的传统，以至完全为中国所同化，有的学者简直就说，禅宗是中国的创造，话虽过点分，却也不无道理。有的禅宗大师实际上是向印度佛教的对立面发展，他们呵佛骂祖，比如道鉴（慧能六世法孙，唐末865年死）教门徒不要求佛告祖（达摩等），说：

> 我这里佛也无，祖也无，达摩是老臊胡，十地菩萨是担屎汉，等妙二觉（指佛）是破戒凡夫，菩提涅槃是系驴橛，十二分数（十二部大经）是鬼神簿，拭疮疣纸，初心十地（菩萨）是守古冢鬼，自救得也无。佛是老胡屎橛。

又说：

> 仁者莫求佛，佛是大杀人贼，赚多少人入淫魔
> 坑。莫求文殊普贤，是田库奴。可惜一个堂堂丈夫
> 儿，吃他毒药了。

这样咒骂还可以找到不少。这简直比佛教最狠毒的敌人咒骂
还要狠毒，咬牙切齿之声，宛然可闻。说它是向佛教的对立面
发展，难道有一丝一毫的歪曲吗?这哪里还有一点印度佛教的
影子?说它已为中国思想所同化，不正是恰如其分吗?

1991 年

中国姓氏文化*

前不久，张在德同志介绍袁义达同志来看我，带来了《中华姓氏大辞典》这一部长达150万字巨著的部分稿子，要我写一篇序。这确实让我踟蹰难决：我那一点对中国姓氏的知识能保证序写成后不出笑话吗？我请他把稿子和一些说明材料留下，意思是等我学习完了再行定夺。万万没有想到，我一接触稿子和资料，立即有豁然开朗之感：原来在这些普普通通的姓氏里面，竟隐藏着这样重要的含义。我从中学习了很多东西。我当机立断：这一篇序一定要写。

我小时候读过《百家姓》，只是跟着老师念，根本不了解其中的意义。后来在国内外读书做事，虚度了几十年，逐渐知道了中国的姓绝不止百家。明朝有《千家姓》一书，没有读过也没有考虑过，中国的姓氏是否就到千家而止。可是我知道了，世界各国的姓氏制度是颇有分歧的，有的国家根本没有姓。在中国，姓氏制度在各民族之间，也不是完全一致的。但是，姓氏制度究竟意味着什么，我仍然没有加以考虑。

在德国读书的时候，听一个德国同学讲过德国犹太人姓

* 本文是作者为《中华姓氏大辞典》写的序。

氏起源的一些笑话。原来犹太人从前就是没有姓的。几百年前，德国警察局规定每一个人都必须有个姓。这对日耳曼人来说本是"司空见惯浑无事"的，然而却难坏了犹太人。他们走到警察局，恭候发落。此时不怀好意的德国警察却来了威风："到门后边去站着！"他们怒喝。于是有的犹太人就真的站在门后边。结果"在门后边"就成了他们的姓。还有更恶毒的恶作剧，犹太人央求德国警察给自己赐个姓，于是连"放屁"等一类的脏词儿都成了犹太人的姓。

这故事，我当时听了觉得好笑。及今回思，却只觉得悲哀。在姓氏里面竟还隐含着一部民族压迫史！

这是姓氏制度带给我的第一次反思。

以后，我在治印度和中亚古代语言之余，有时迫于形势，有时出自兴趣，也搞了一点中外历史的研究。在这里面，我认识到了姓氏的重要性。治中国历史而不注意姓氏的研究，是根本不行的。过去和现在的历史学家，写过不少的关于姓氏的专著和论文。我顺便举一个例子：姚薇元的《北朝胡姓考》，是这一部《中华姓氏大辞典》的参考书之一。陈寅恪先生给本书写的序里说：

> 寅恪以为姚君之学，固已与时俱进，然其当日所言，迄今犹有他人未能言者。此读者自知之，无待寅恪赘论。惟不能不于此附著一言者，即吾国史乘，不止胡姓须考，胡名亦急待研讨是也。

寅恪师在下面列举了一系列的中国少数民族的姓名，从六朝一直列到清代，给治史者极大的启发。他不但号召别人来研讨，而且现身说法，自己著文，参加研讨，写了许多著名的论文，比如《元代汉人译名考》《李唐氏族之推测》《李唐氏族之推测后记》《三论李唐氏族问题》《李太白氏族之疑问》等等，在中外学术界引起了广泛的注意。

中国历史上姓氏问题之引起争论者，绝不止限于寅恪先生所论。即在我们日常社会生活中，姓氏实亦大有研讨之余地。其中颇有与历史相联系者。比如寅恪先生所提出之李姓，据目前科学统计，李姓实为当前中国的第一大姓。其来源究竟如何呢？他们决非都是李耳的后代，这是绝对可以肯定的。仅李唐一代，就制造了不少的李姓。有许多波斯人到了中国改姓了李，著《海药本草》的李珣即其中之一。再如马姓，伊斯兰教传入中国以前，比如汉朝的马援，《三国演义》中的白袍小将马孟起等等，当然都可能是土生土长的"马"。唐代伊斯兰教传入以后，有许多姓马的穆斯林，可能或多或少地与"穆罕默德""马哈茂德"等等有关，与马援和马超难以联系了。

这只是我顺手举的几个例子，在中国历史上和现实社会中，姓氏问题之复杂远远不止这一些。在这方面也还大有研讨的余地。

我在上面曾说到德国犹太人的姓氏问题。这样表现在姓氏上的民族压迫，在中国历史上也是可以找到的。在本辞典的附录中，有一篇关于岂姓与岂庄地名的文章，里面讲到岂的来源很可能与宋代抗金民族英雄岳飞有关。岳飞惨遭奸臣秦桧杀害后，他的后代怕再遭到奸臣杀害，携家带眷，逃到安徽省涡阳县一个僻静的地方，并把"岳"字拆开，把"山"字放在"丘"字上面，成了"岂"字。这个传说的真实程度，我们无法推测。但是，揣情度理，毋宁说是可靠的。此外，我还想到另一个传说，今天中国姓"闻"的，不一定都是闻太师的后人。宋代的与岳飞齐名的民族英雄文天祥被杀害后，他的后人也为了同样原因，将自己的姓改为"闻"。揣情度理，我认为，这同样是可靠的。

上面讲的都是历史上的事情。姓氏研究同我们当前的社会主义建设有什么联系呢？

我认为，联系是密切的。这个认识只是我不久以前才得到的，通过这一次阅读本辞典的部分稿子和资料，又进一步加深了。先让我举几个例子。最近一个时期以来，我偶尔读到了一些文章，其中谈到，现在给小孩子命名最流行、最时髦的风气是起单名。结果造成了同名过多的现象，这给有关方面无端制造了大量的困难。现在我看了袁义达同志带给我的材料，里面讲道，中国汉族和满族李、张、王三大姓高居榜首，鼎足而三。李姓占全人口总数的7.9％，张姓7.4％，王姓7.1％，三者加起来共占22％多，有几亿人口。这几个大姓再加上同名问题，情况就更加复杂了。

比如说，今天最流行的单名是"军""宁"等等，再加上传统的双名"宝珍""玉珍""淑贞""兰英"等等和一度时髦的双名"卫东"等等；这样一些名，若与三大姓配在一起，试问普天之下将会有多少同姓又同名的人呀？事实上，专就我接触到的这一点社会层面来看，姓名叫"李军""张军""王军"的人，就不知道有多少。有时候，中学一个班里就有三个

"张军"，再加上"李军""王军"，则教员点名，邮局送信，有人打电话，公安局登记人口，政府有关部门进行人口普查，会引起多么大的混乱，不是一清二楚了吗?况且我国已经有了专利法和出版法，这些都与姓名有关。上述情况在这里会引起多么大的混乱，不也是一清二楚吗?多么精细的电子计算机对此也将束手无策。文明社会，每一个人必须有一个姓名，这是必不可少的。姓名有点重复，哪一个国家也难以完全避免。但若过了头，则必然影响社会的运转。这一点也用不着再求得证明了。

上面谈的只是一个简单的例子。本书的自序中还提到其他一些与姓氏有关的问题和建议，所有这一切都应当引起我们严重的关切，切不可掉以轻心。这是我读了本书部分稿子以后的诚恳的希望。

两位作者都是自然科学家。他们习惯于谨严细致的科学工作方法，现在他们把这种方法应用到属于社会科学范畴的探讨方面上，我相信，细心的读者都会发现本书的谨严准确的自然科学的学风。我们搞社会科学和人文科学的人，应该认真学习这种学风。这是我的又一个诚恳的希望。

我写到这里，读者读到这里，我们必然都要想到两位作者和出版者四川辞书出版社，我们不能不佩服他们的远见卓识，他们独具慧眼，我们也不能不由衷地感激他们。他们肯而且敢在今天出版界人所共知的情况下，出这样大的人力、财力、物力，出版这样一部大辞典。我现在向中国史学界、社会学会、民族学界、公安部门、民政部门、教育部门等等郑重推荐这一部大辞典，它会给你们的工作提供极大的方便。

除了共同的感激之外，我个人还有一点特殊的感激。我在开头已经说到，张在德同志和袁义达同志代表作者找我写序的时候，我认为是给我出了一个难题，使我踟蹰难决，我甚至不理解，何以找到我头上来。我内心里不但毫无感激之意，而且还颇有点抱怨。然而，到了今天，材料看完了，序也写完了，仅仅不过几天的时间，我恍然大悟，这对我来说，实际上是一个学习的机会，让我学到了不少的新东西。我现在又感到，光用"感激"二字都不能完全表达我的心情了。

　　我的序就写到这里。

1991 年 1 月 3 日

中国姓氏文化

漫谈古书今译

　　弘扬中华优秀文化的口号一经提出，立即受到了全国人民和全世界华人，甚至一些外国友人的热烈响应。在这里，根本不存在民族情绪的问题，这个口号是大公无私的。世界文化是世界上各民族共同创造的，而中华文化则在世界文化中占有重要的地位。想求得人类的共同进步，必须弘扬世界优秀文化。想弘扬世界优秀文化，必须在弘扬所有民族的优秀文化的同时，重点突出中华文化。不这样做，必将事倍而功半，南辕而北辙。

　　弘扬中华优秀文化，其道多端，古书今译也是其中之一。因此，我赞成古书今译。

　　但是，我认为，古书今译应该有个限度。

　　什么叫"限度"呢?简单明了地说，有的古书可以今译，有的难于今译，有的甚至不可能今译。

　　今译最重要的目的是，把原文的内容含义尽可能忠实地译为白话文，以利于人民大众阅读。这一点做起来，尽管也有困难，但还比较容易。有一些书，只译出内容含义，目的就算是达到了，对今天的一般读者来说，也就够了。但是，有一些古书，除了内容含义之外，还有属于形式范畴的文采之类，这里面包括遣词、造句、辞藻、修饰等等。要想把这些东西译出来，却非常困难，有时甚至是不可能的。在古书中，文采占有很重要的地位。对文学作品来说，不管内容含义多么深刻，如果没有文采，在艺术性上站不住，也是不能感动人的，或许就根本传不下来。例如《诗经》《楚辞》，汉魏晋南北朝的赋、唐诗、宋词、元曲等，这些作品，内容与形式高度统一，思想性与艺术性高度结合，只抽出思想加以今译，会得到什么样的效果呢？

我们古人阅读古书，是既注意到内容，也注意到形式的，例如唐代大文学家韩愈在《进学解》中所讲的：

漫谈古书今译

上规姚姒，浑浑无涯；周《诰》殷《盘》，佶屈聱牙；《春秋》谨严，左氏浮夸；《易》奇而法，《诗》正而葩；下逮《庄》《骚》，太史所录；子云相如，同工异曲。先生之于文，可谓闳其中而肆其外矣。

这里面既有思想内容方面的东西，也有艺术修辞方面的东西。韩昌黎对中国古代典籍的观察，是有典型意义的。这种观察也包含着他对古书的要求。他观察到的艺术修辞方面的东西，文章风格方面的东西，是难以今译的。如果把王维、孟浩然等的只有短短二十个字的绝句译成白话文，我们会从中得到一个什么样的意境呢？至于原诗的音乐性，更是无法翻译了。

这就是我所说的"限度"。不承认这个限度是不行的。

今译并不是对每一个读者都适合的。对于一般读者，他们只需要懂得古书的内容，读了今译，就能满足需要了。但是，那些水平比较高的读者，特别是一些专门研究古典文献的学者，不管是研究古代文学、语言，还是研究哲学、宗教，则一定要读原文，决不能轻信今译。某些只靠今译做学问的人，他们的研究成果不应该受到我们的怀疑吗？

西方也有今译，他们好像是叫作"现代化"，比如英国大诗人乔叟的《坎特伯雷故事集》，就有现代化的本子。这样的例子并不多见。他们古书不太多，可能没有这个需要。

中国古代翻经大师鸠摩罗什有几句常被引用的名言：

> 天竺国俗，甚重文制，其宫商体韵以入弦为善……但改梵为秦，失其藻蔚，虽得大意，殊隔文体，有似嚼饭与人，非徒失味，乃令呕哕也。

我认为，这几句话是讲得极其中肯、极其形象的，值得我们好好玩味。

总之，我赞成今译，但必有限度，不能一哄而起，动辄今译。我们千万不要做嚼饭与人，令人呕吐的工作。

1991 年 12 月 11 日

作诗与参禅

　　诗与禅，或者作诗与参禅的关系，是我国文学史、美学史、艺术史、思想史等等中的一个重要问题。在一些与中国文化有关的国家，比如韩国和日本等等中，这也是一个重要的问题。我们甚至可以说，在东方文化中，这个问题也有重要的意义。因此，自来论之者众矣。

　　我于此道决非内行里手，只是喜欢涉猎一下而已。而且我的涉猎面虽广，却是浅尝辄止，一点也不够深入。仅就我涉猎所及，我发现，谈这个问题的典籍，一千多年以来，多得不得了。一直到今天，此风未息。论文专著，层出不穷。内容丰富、词彩动人，读起来令我如入山阴道上，目不暇接。但是，一旦掩卷沉思，则又似乎没有在脑海里留下多少东西，杂乱而混沌，一点也不明朗。有的人钻研得很深，但是，人们如果想理出一点头绪，则又似乎抓不住一条纲，依然是杂乱而混沌。这问题真有点像镜花水月，可望而不可即。我怅然懵然。记得西方某一位名人说过，读别人的书，就好像是让别人在自己脑袋里跑马。我让人在自己脑袋里跑马，次数之多，无法统计了，结果并没能跑出一个所以然来。我在怅然懵然之余，窃不自量力，索性让我自己在脑袋里跑一趟马，也许能跑出一点名堂来。既然不是内行里手，跑马难免跑出了圈子，跑入非想非非想中。好在精通此道的真正内行专家到处都有。我相信，他们会把我的马缰绳牢牢抓住的。

我想谈以下几个问题。

一、中国古籍中对诗禅关系的看法

作诗，这几乎是世界上所有的国家所共有的活动，而参禅则似乎只限于中国和同中国有文化渊源关系的少数几个国家。中国的禅宗，虽然名义上来自印度，实则完全是中国的产物。印度高僧菩提达磨被尊为东土初祖。据说当年灵山会上，如来拈花，迦叶微笑，师徒会心，灵犀一点。这种心法由迦叶传了下来，不知几年几代，传给了达磨。这故事本身就接近神话，印度和中国和尚编的那一套衣钵传承的几祖几祖，又是没法证实的，达磨带到中国来的"法"，当然也就虚无缥缈。反正中国后来的禅宗，同后汉安世高等带进来的禅学，根本不是一码事。总之，禅宗是在中国兴盛起来的。严格地说，禅宗是在五祖弘忍以后才畅行，而大盛于六祖慧能（638—713年）。为什么单单在中国这块土地上，单单在中国的文化环境中，禅学才能兴旺发展？这个问题比较复杂，我在这里先存而不论。这篇论文写完时，读者也许能从字里行间得到答案。

禅宗思想在中国兴起以前，中国的诗歌已经有了很长的历史。足证作诗与参禅没有必要的联系。但自禅宗思想流行以后，很多人都把作诗与参禅紧密地联系起来。这样的例子真正是举不胜举。我在下面只举出几个来，以便做三隅之反。

禅宗大盛于唐。初、中唐时期，许多大诗人受到禅宗的影响，在创作实践方面，援禅入诗，写了一些禅味极浓的诗。到了晚唐，在理论方面，有人又把诗与禅紧密联系起来，最著名的代表是司空图。他那许多著名的提法，什么"韵外之致""味外之旨""辨于味而后可以言诗"等等，是大家都熟悉的。司空图明确地认识到诗禅的一致。他这种以禅说诗的理论，对后世中国文艺理论的发展，有极大的影响。

　　到了宋朝，禅宗高度发展，广泛流行。士大夫谈禅成风。他们把诗与禅更加紧密地结合了起来。我举几个例子。

　　韩驹《陵阳先生诗》卷一《赠赵伯鱼》：

　　　　学诗当如初学禅，未悟且遍参诸方。
　　　　一朝悟罢正法眼，信手拈出皆成章。

吴可《学诗》诗，《诗人玉屑》卷一：

　　　　学诗浑似学参禅，竹榻蒲团不计年。
　　　　直待自家都了得，等闲拈出便超然。

龚相《学诗》诗，《诗人玉屑》卷一：

　　　　学诗浑似学参禅，悟了方知岁是年。
　　　　点铁成金犹是妄，高山流水自依然。

戴复古《论诗十绝》，《石屏诗》卷七：

欲参诗律似参禅，妙趣不由文字传。

个里稍关心有悟，发为言句自超然。

这样的例子还很多，不再抄列。这里讲的大半是，参禅学诗都要下功夫，"功到自然成"，一朝悟透，诗句便能超然。至于禅的内容，基本上没有涉及。

钱钟书《谈艺录》中，也引了许多关于诗禅关系的例子，并发表了很精辟很深刻的意见。请读者自行参阅，不再抄录。

唐宋时代开始的有关诗与禅的意见一直对后代文艺理论的发展以及诗歌的创作，起着广泛而深入的影响。我们甚至可以说，在中国文艺理论史上，如果没有援禅入诗的活动，中国诗歌的创作和理论，将会是另一种样子，其重要性可想而知。

二、诗与禅的不同之处

上面引证的唐宋诸家学说，都把诗与禅相提并论。其中必有道理，这是完全可以肯定的。诗与禅必有共同之处，这也是完全可以肯定的。在对共同之处做细致的分析之前，我认为有必要先对二者不同之处稍加阐述，这能够加深对共同之处的理解。

从表面上来看，诗与禅的不同之处，是非常明显的。禅宗最初是主张"不立文字"的。这其实是继承了佛家的传统。从历史上来看，释迦牟尼时代，文字还不流行。印度古代，包括婆罗门教在内，师徒都是口口相传。最初既无抄本，当然更谈不到印本。到了很晚的时候，印度教徒还不允许把他们的圣经宝典《吠陀》排印出版。佛教大藏经里面，有几部讲佛祖生平的经，讲到他年幼时学习了多少多少"书"（文字）。这些经都是晚出的，不代表释迦牟尼时代的真实情况。佛陀不重文字，经中屡有记载，如《大方广宝箧经》卷上云"不著文字，不执文字"等等。所以我说，禅宗"不立文字"，是继承了印度佛教传统。后来禅宗却从"不立文字"发展成为"不离文字"。这又是为什么呢？这是一个颇为微妙的问题。下面我还会谈到。

禅是这样，诗则不同。钱钟书说："了悟以后，禅可不著言说，诗必托诸文字。"

这就是诗与禅的不同之处。

三、诗与禅的共同之处

这是本篇论文讨论的重点。

作诗与参禅本来是两种迥乎不同的活动。我在上面已经说到，在禅宗兴起以前，中国诗歌已有极长的历史。在欧美国家，没有什么禅宗，也都有杰出的诗歌创作。可见诗与禅并没有必然的联系。但是在中国，在禅宗兴起和流行以后，在某些诗人身上，诗和禅竟变得密不可分。原因何在呢？这是一个非常有趣但又并不很容易回答的问题。我先笼统说上几句。禅宗的理论和实践进入中国诗，同佛教思想进入中国哲学，几乎是同步的。二者都是滥觞于两晋南北朝，初盛于唐代，大盛于宋代。原因是明显的，佛教入华以后，给中国人提供了一个观察宇宙和人生的新角度，使人耳目为之一新，立即接受下来了。这种解释迹近常识，似乎可以不说，但是不说又似乎不行。不说则很多现象无法讲清楚，诗与禅就属于这一类。说完了这个笼统的解释，还有很多细致深入的解释要去做。可是这决不能毕其功于一役。在下面的论证中，很多地方都会碰到这种解释，要请读者自己去心领神会了。

对于诗与禅的共同之处，过去的中国诗人和学者和今天的中国诗人和学者，都发表了许多精辟的见解。一言以蔽之，他们发现，诗与禅的共同之点就在"悟"或"妙语"上。我举两个当代的造诣精深的学者的意见，以概其余。第一个是钱钟书，他在《谈艺录》二八《妙悟与参禅》这一节中说：

夫"悟"而曰"妙"，未必一蹴即至也；乃博采而有所通，力索而有所入也。学道学诗，非悟不进。或者不好渔洋诗，遂并悟而非之，真因噎废食矣。高忠宪《困学记》云："平日鄙学者张皇说悟，此时只看作平常，自知从此方好下功夫耳。"陆桴亭《思辨录辑要》卷三云："凡体验有得处，皆是悟。只是古人不唤作悟，唤作物格知至。古人把此个境界看作平常。"按刘壎《隐居通议》卷一论悟二可参阅。又云："人性中皆有悟，必功夫不断，悟头始出。如石中皆有火，必敲击不已，火光始现。然得火不难，得火之后，须承之以艾，继之以油，然后火可不灭。故悟亦必继之以躬行力学。"

下面还有非常精彩的意见，文长不具引，请读者自行参阅。钟书君的意见是切中肯綮的。我觉得陆桴亭认为"人性中皆有悟"，就有禅宗色彩。

第二位学者是敏泽。他在《中国美学思想史》中写道：

> "禅"与"悟"，宋代禅宗广泛流行，士大夫知识分子谈禅成风，以禅喻诗成为风靡一时的风尚。其结果是将参禅与诗学在一种心理状态上联系了起来。参禅须悟禅境，学诗需悟诗境，正是在"悟"这一点上，时人在禅与诗之间找到它们的共同之点。

敏泽的意见也是切中肯綮的。钟书君与敏泽异曲同工，一脉相承，都说到了点子上。我自无异议。

但是，我总还感到有点不满足。他们讲"悟"或"妙悟"，只讲了这一种思维活动，好像是一个没有宾语的不及物动词。这似乎有点空，需要补充一下，才能显得完整而切实。我觉得，至少有两个问题需要我们回答：

第一，什么叫"悟"？

第二，"悟"到了什么东西？

这都是相当重要的问题。据我涉猎所及，好像还没有哪个学者明确而完整地提出这样的问题，回答也就更谈不到。我现在不自量力，试着来回答一下这两个问题。

先谈第一个问题。《说文》："悟，觉也。从心，吾声。"这说明，这个字是中国早就有的。可是自从佛教传入以后，在汉译佛经中，"悟"就变成了一个佛教术语，被赋予了以前不可能有的含义。从根本上来解决问题，我们先看一看，在梵文和巴利文中与汉文"悟"字相当的是些什么字。归纳起来，梵文和巴利文约略有三个动词与"悟"字相当：

第一个是√budh，前面可以加上词头 pra 等等，意思是"醒""觉""悟"；

第二个是√vid，前面可以加上词头 sam 等等，意思是"知道"；

第三个是√jñā，前面可以加上词头 ā 等等，意思是"知道"。

其中以第一个√budh 为最重要。汉译"佛陀"，在梵文和巴利文中是 buddha，是√budh 的过去分词，意思是"已经觉悟了的人""觉者""悟者"。佛祖就是一个"觉者""悟者"。可见这个"悟"字的重要意义。我的第一个问题：什么叫"悟"？答案：这就叫"悟"。

第二个问题："悟"到了什么东西？必须同上面说的这些东西联系起来，才能给予准确的答案。光是"悟"，决不能成佛，必定是"悟"到了什么重要的真理，才能成佛作祖。这是一个至关重要的问题。回答要分成两个层次：一个是小乘层次，算是低层；一个是大乘层次，是高层。释迦牟尼坐在菩提树下金刚座上，大彻大悟，成了佛。他悟到的当然还是小乘的真理。内容是什么？虽然他没有明说，其实还是颇为清楚的。他成佛后在鹿野苑首转法轮，讲的应该就是他不久前悟到的真理。关于首转法轮，各种语言的佛经上有大量的记载，说法虽不尽相同，内容基本上是一致的，其可靠性毋庸过分怀疑。

为了把初转法轮的内容比较详尽地介绍出来，我从唐天竺三藏地婆诃罗译的《方广大庄严经》卷十一《转法轮品》中把如来说法的内容抄在下面：

如来于初夜时，默然而过。于中夜分，安慰大众，令生欢喜。至后夜已，唤五跋陀罗而告之言：汝等应知，出家之人有二种障。何等为二？一者心着欲境而不能离。是下劣人无识凡愚，非圣所行，不应道理，非解脱因，非离欲因，非神通因，非成佛因，非涅槃因。二者不正思维，自苦其身而求出离。过现未来皆受苦报。比丘！汝等当舍如是两边。我今为汝说于中道。汝应谛听，常勤修习。何为中道？正见、正思维、正语、正业、正命、正精进、正念、正定。如是八法名为中道。

佛告诸比丘：有四圣谛。何等为四？所谓苦谛、苦集谛、苦灭谛、证苦灭道谛。比丘！何等名为苦圣谛？所谓生苦、老苦、病苦、死苦、爱别离苦、怨憎会苦、求不得苦、五盛蕴苦。如是名为苦圣谛。何等名为苦集圣谛？所谓爱取有，喜与贪俱，憘求胜乐。如是名为苦集圣谛。何等名为苦灭圣谛？所谓爱取有，喜与贪俱，憘求胜乐，尽此一切。如是名为苦灭谛。何等名为证苦灭圣道谛？即八圣道，所谓正见，乃至正定。此即名为证苦灭圣道谛。

初转法轮的内容，大体上就是这个样子。后来初期佛教教义被归纳成三句话，称之为"三相"或者"三法印"：诸行无常，诸法无我，一切皆苦。释迦牟尼首转法轮，这三个法印几乎都包括在里面了。其中的"诸法无我"，是佛教重要教义，是佛教与婆罗门教斗争的重要武器。"无我"，梵文叫Anātman，意思是所谓"我"（ātman）是并不存在的，它是由初转法轮中讲到的五盛蕴（色、受、想、行、识）组成的，是因缘和合的产物，没有实体。这是释迦牟尼在菩提树下悟到的真理。佛教僧侣以及居士，如果想悟到什么东西，他们首先必须悟到"无我"。事实上中国人确已悟到"无我"了，比如徐增《唐诗解读》卷五说：

> 　行到水穷处，去不得处，我亦便止，倘有云起，
> 我便坐而看云起，坐久当还，偶值林叟，便与谈论
> 山间水边之事。相与留连，则不能以定还期矣。于
> 佛法看来，总是无我，行无所事。行到是大死，坐
> 起是得活，偶然是任运，此真好道人行履，谓之好
> 道不虚也。

这是徐增对王维《终南别业》那一首著名的诗的解释。我认为是抓住要领的。

总之，我认为，要讲"悟"到什么，首先要悟到"无我"。

但是，仅仅悟到这个程度，还是很不够的。佛教从小乘开始，随着社会的前进，逐渐向大乘过渡。大乘最根本的教条，从信仰上来说，是菩萨思想，要广度众生，比起声闻乘来，要广大得多了。在教义方面，这表现在最早出现的《般若经》

中。《般若经》的主要思想是法无自性，即所谓法空的思想。"空"，梵文原文是śūnya，意思是"空虚"。许多大乘的重要经典，如《法华》《华严》等等，其主要思想都是建立在般若基础上的。所谓"般若性空"者即是。我在这里没有可能详细介绍大乘中观派、瑜伽行派的共同点和不同之点。不管是所谓"空宗"，还是所谓"有宗"，其根本教义都是讲空。中观派讲空讲得过了头，连"佛性""真如"等等都想空掉。这动摇了大乘的信仰基础，因此有宗就出来加以纠正或者补充。他们之间没有根本矛盾。

什么叫"空"呢?《中论》第二十四品说:

众因缘生法，我说即是空。亦为是假名，亦是中道义。

"法"，指的是事物。一切事物都是因缘生成，本身是不存在的，所以称之为空。佛家这一套烦琐哲学，同我现在要讨论的东西，没有多少重要的关系，姑且置而不论。

总之，要讲悟，悟到了"无我"，还不够，必须再提高一步，要悟到"空"。

我在上面回答了我提出来的两个问题:什么叫"悟"?"悟"到了什么东西?"悟"，同释迦牟尼在菩提树下悟得真理，是一脉相承的。悟得的东西低层次的是"无我"，高层次的是"空"。禅宗的思想基础是大乘空宗。因此悟空对中国禅僧和禅学诗人，是至关重要的。

中国禅宗的几个祖师爷所悟得的，也就是这个空。我从五祖弘忍和六祖慧能谈起。我现在根据《坛经》把他们两人的一段公案简略地介绍一下。上座神秀题偈：

> 身是菩提树，心如明镜台，时时勤拂拭，莫使有尘埃。

五祖念了偈以后，对神秀说："汝作此偈，见即未到，只到门前，尚未得入。"对他是不够满意的。惠能是不识字的，也作了一偈，请一解书人题在壁上：

> 菩提本无树，明镜亦非台，佛性常清净，何处有尘埃？

又偈曰：

> 心是菩提树，身为明镜台，明镜本清净，何处染尘埃？

五祖认为慧能悟道，便把衣钵传给了他，并且说："法以心传心，当令自悟。"神秀和慧能的两偈，其区别一看便知：神秀悟空悟得不够。

"无我"的思想，"空"的思想，一旦渗入中国的诗歌创作，便产生了禅与诗密不可分的关系。禅与诗的关系是相互影响的，相互起作用的。正如元好问在《赠嵩山隽侍者学诗》中所说的："诗为禅客添花锦，禅是诗家切玉刀。"

四、禅与中国山水诗

禅与诗的密切联系首先或者主要表现在山水诗上。

为什么会产生山水诗呢?(我觉得,山水画的出现也与此有关)

悟"无我"或者悟"空",最好要有两个条件:一个是主观条件,指的是心灵中的悟解;一个是客观条件,指的是适当的自然环境,以远离尘嚣的山林为最理想。身处闹市也不是不可以静悟。陶渊明的诗:

> 结庐在人境,而无车马喧。问君何能尔?心远地自偏。

陶渊明是受道家思想影响的人,他也许有自己的一套修养方法,这里暂且不谈。佛家的禅僧或者接受参禅思想的诗人,据我的观察,有一套不同的办法。他们往往遁入深山野林最寂静、不受尘世干扰的地方去静悟。中国古诗说"天下名山僧占多",正表示了这种情况。但是,佛教初入中国的时候,并不是这个样子。传说是中国最早佛寺的白马寺,建筑在洛阳城外,并不在山中。后来仍然有在城市中建庙的习惯,《洛阳伽蓝记》中记述的寺院,几乎都在城内。一直到了唐代,长安城中的寺院还是很不少的。此风流传,至清不衰。可见佛寺并非一定要建在山上。但这只是事情的一个方面。可能从晋代起,山林中建庙的风气就开始了。从此就开始了名山与名刹互相辉映的局面。中国的禅宗初祖达磨于梁武帝时期（6世纪前半叶）来华以后，在洛阳他不住在白马寺，而住在嵩山中的少林寺，可以透露个中消息。

既然讲到达磨，我索性把达磨的禅法以及大小乘禅法的区别也简略地介绍一下，以利于对中国禅宗的了解。禅，在印度有其根源，梵文是 dhyāna，巴利文是 jhāna，音译为"禅"，原意是"冥想"，英文叫 meditation。我在上面已经说过，传到中国来以后，汉末安世高的禅法属于小乘，与属于大乘的禅宗的禅法完全不同。小乘禅法有所谓色界四禅和无色界八定之说。"四禅"指的是静坐冥想时精神统一的四个阶段，梵文称之为 dhyāna-catuṣṭaya。为了把这一点说明白，我举一个具体的例子。释迦牟尼在临涅槃前，坐双树间进入禅定。《长阿含经·游行经》中说：

> 是故比丘！无为放逸。我以不放逸故自致正觉。无量众善，亦由不放逸得。一切万物无常存者，此是如来末后所说。于是世尊即入初禅定，从初禅起入第二禅，从第二禅起入第三禅，从第三禅起入第四禅，从四禅起入空处定，从空处定起入识处定，从识处定起入不用定，从不用定起入有想无想定，从有想无想定入灭想定。

然后又倒转回来；从灭想定转到第一禅，又从第一禅依次回到第四禅，"从第四禅起，佛般涅槃"。小乘禅定大体上就是这个样子。

综观释迦牟尼的一生，他并没有号召和尚普遍坐禅。有人说："佛教在印度流传的时期，便提倡居山林坐禅。"这是一种误解。灵鹫峰同佛祖有点关系，它只是王舍城附近的一座山峰。释迦牟尼对它并无偏爱。所谓灵山，到了大乘时期才屡见于佛典。常说的"灵山会上，如来拈花，迦叶微笑"，这是大乘捏造的。可能与大乘起源有关。这是一个很有趣的问题，这里暂且不谈。事实是，释迦牟尼成佛以后，到处奔波游行，弘宣大法。讲的不外是四圣谛、八正道、十二因缘等等，禅法还根本没有。在印度，开凿石窟，雕塑佛像，是晚起的事情。一直到后来，也并不提倡在山林中修建寺庙。"天下名山僧占多"的现象，在印度是没有的。玄奘游学的那烂陀寺，有悠久的历史，有崇高的地位，也是建筑在大平原上的。

我现在再回头来谈小乘禅与大乘禅的问题。根据汤用彤的意见，汉晋流行之禅法，大别有四：一曰念安般；二曰不净观；三曰念佛；四曰首楞严三昧。其中一二属于小乘禅，三属于净土教，四是大乘禅。达磨的禅法属于大乘。达磨主顿悟，而在中国首倡顿悟者为竺道生，他们之间有一脉相承的关系，这是很自然的。达磨所修大乘禅法，名曰壁观。《灯录》引《别记》云：

　　达磨教禅宗二祖说："外息诸缘，内心无惴。心如墙壁，可以入道。"

达磨大概认为，修这样的禅，最好远离尘世，因而不住在洛阳城内，而遁隐嵩山少林寺。达磨之后，二祖慧可、三祖僧璨、四祖道信、五祖弘忍、六祖惠能，连神秀在内，都提倡独宿孤峰，端居树下。三祖僧璨"隐思空山，萧然静坐"；四祖道信唯山林是托；五祖弘忍提倡"栖神山谷，远避嚣尘"等等，皆可见坐禅与山林的关系是多么密切。

我现在举一个具体的例子，来说明大乘顿悟与山林以及与山林有密切联系的山水诗的关系。这个例子就是谢灵运。

我们决不能说，谢灵运属于禅宗，因为禅宗初祖达磨在梁武帝时期（6世纪前半叶）来华活动，而谢灵运则是生活在385年至433年，比正式禅宗的建立要早很多年。但是禅宗思想决非一夜之间就从地里钻出来的，而是有一个长久的潜伏期。因此，如果说谢灵运的思想和行动与后来的禅宗有相通之处，那是符合实际情况的。

古今文艺理论家和文学史家都认为，晋宋之际在中国文学发展史上出现了一个很大的变化，这就是两晋的"玄言诗"为"山水诗"所取代。这并不是说，"玄言诗"一下子就消失了，那是不可能的，这是一个渐变的过程。无论如何，这个变化是极为显著的。刘勰在《文心雕龙》的《明诗》中说：

> 宋初文咏，体有因革，庄、老告退，而山水方滋。

山水诗的开创者又是集大成者就是晋宋之际的谢灵运。

为什么独独一个虔信大乘空宗顿悟说，曾协助僧人们翻译整理《大般涅槃经》，显然学习过梵文，对梵文《悉昙藏》有精深研究的谢灵运会成为山水诗的开路人呢？再从后来的，至少是唐代和宋代的许多山水诗人都与禅宗有密切联系这一点来看，佛教的顿悟与山水诗之间有一脉相通之处，就很显然了。

山水诗的形成，其原因绝不止一端。对于这个问题，蒋述卓发表了一些很好的意见。归纳起来，约有以下几点：第一，山水在此时已作为人类独立的审美对象而进入文学艺术领域。第二，玄学与佛学思辨性的理论及其方法给山水诗的产生提供了深厚的理论基础。第三，佛教在印度流传时期，便提倡居山林坐禅。这一点与实际情况不符，我在上面已经谈到了。第四，由对本体的探究与追求，也引发出了玄佛二家对自然山水理想寄托的契合，等等。因为这在中国文学史上是一个比较重要的问题，所以论之者极众，学说五花八门，我在这里不一一列举了。

下面专谈谢灵运。

谢灵运是中国文学史上一个相当重要的诗人。他信佛，写过一些关于佛教的文章，诗文中有佛教思想，更是非常明显的。他有时候把儒家经典同佛典相比，认为"必求性灵真奥，岂得不以佛典为指南耶？"沈约《宋书》为灵运立传（《列传》第二十七）。《传》中讲了一些他信仰佛教的情况，也讲到他对山林的爱好。"遂移籍会稽，修营别业，傍山带江，尽幽居之美。"这一点同唐代虔诚奉佛的王维完全一样，很值得注意。沈约把谢灵运的《山居赋》完整地收入《传》中。《赋》中讲到佛，讲到山水，讲到招提（佛寺）。谢灵运用了很多佛经典故，并自己注出出处。他"钦鹿野之华苑，羡灵鹫之名山"。注："鹿野，说四真谛处。灵鹫山，说《般若》《法华》处。"这说明，谢灵运精通佛典，相信的是大乘空宗的《般若》和《法华》。我在上面提到灵鹫山与大乘的关系，这里又提供了一个证明。《赋》中还说："安居二时，冬夏三月。远僧有来，近众无缺。法鼓朗响，颂偈清发。"可见山中迎远僧，邀近众，击法鼓，做佛事之热闹情况。总之，《山居赋》充分体现了谢灵运信佛教、爱山水的心情。

谢灵运同佛教的关系还不止这一些。

谢灵运对梵语有研究。他对《悉昙藏》，对梵汉音训都有湛深的研究，对梵文字母的数目，更有自己独到的见解。日本僧人安然撰《悉昙藏》，引用了很多谢灵运的话。我从第一卷中引一条：

> 谢灵运云：诸经胡字，前后讲说，莫能是正。历代所滞，永不可解。今知胡语而不知此间语，既不能解。故于胡语中虽知义，不知此间语亦不能解。若知二国语，又知二国语中之义，然后可得翻译此义，以通经典。故睿法师昔于研采经义，又至南天竺国，经历年岁，颇了胡语。今就睿公是正二国音义，解释中胡字晓然。庶夫学者可无疑滞，粗为标列在后，差可推寻云尔也。

此事又见于《佛祖统纪》二六《僧睿传》，参看《高僧传》七《慧睿传》。可见谢灵运对佛经梵语确是下过一番功夫。对十四音，谢灵运也有自己的看法。

谢灵运还自己在山中修建佛寺。《佛祖统纪》五三说："谢灵运于石壁山建招提寺。"谢灵运可以说是集佛典顿悟、作山水诗、于山中建寺这三件有联系的事情于一身。

因此，在他的山水诗中大量地反映出他那佛教思想，特别是般若空观的思想。关于这个问题，过去很多学者做过很精彩的分析，比如说，赖永海的《佛道诗禅》、蒋述卓的《佛经传译与中古文学思潮》。我在这里不一一具引。此外还有很多书谈到这个问题，都请读者自己去翻阅吧。我只想指出几个例子。在《佛影铭序》中，谢灵运说："我无自我，实承其义。尔无自尔，必祛其伪。"我在前面讲要"悟"什么东西的时候，曾说，首先要悟"无我"，这是佛教最根本的教义之一，后来的"空"可以说是它的发展。在这里，谢灵运说到"我无自我"，正是禅宗初步的"悟"。当然其他所有的僧人，都必须相信"无我"。不过从谢灵运笔下看到"无我"，觉得决非偶然而已。过去讨论谢诗与顿悟之间的关系的学者，曾举出了许多谢诗的名句。我个人觉得，谢灵运脍炙人口的名句"明月照积雪"，写的是白茫茫一片空濛的景象，也可以归入反映他般若性空思想的诗句之中。甚至他那名闻千古的"池塘生春草"，倘若从佛教顿悟的观点上来加以解释，不也可以发前人未发之覆吗？

对于谢灵运的诗，要谈的还很多。限于篇幅，我就不再细谈了。总之，谢灵运是在禅宗建立和流行以前把大乘般若性空思想与山水诗结合起来的集大成者，对以后中国文学的发展有深入持久的影响。

到了唐代，禅宗已经建立起来，并且广泛地流行开来。山水诗的创作达到了空前的——也许是绝后的吧——水平。此时大家辈出。王、孟、韦、柳的山水诗彪炳千古。其中的魁首当然是王维。他酷爱山水，虔信佛教。他的辋川别墅同谢灵运的别业，几乎是一模一样。这反映了他们之间的共同信仰与共同爱好，王维诗中所悟到的"无我"和"空"，较谢灵运诗中悟到的更鲜明、更深刻、更普遍。原因很简单：谢灵运时代禅宗还没有创立，而到了王维时代，则禅宗已大行于天下。对于王维的山水诗，古今学人论之者众矣。尽管意见不完全相同，但是都把王维的山水诗同禅悟联系起来，这些意见我不再重复。我只推荐几本我手头有的书，这些书都是最近若干年出版的。这些书是：林庚《唐诗综论》，1987年，人民文学出版社；陈贻焮《论诗杂著》，1989年，北京大学出版社；陈允吉《唐音佛教辨思录》，1988年，上海古籍出版社；陈铁民《王维新论》，1990年，北京师范学院出版社。以上诸书可供对此问题有兴趣者参考。

在唐代著名的山水诗人中，除了王维外，比较信仰佛教的还有柳宗元。在他的诗中也表现了同样的悟空的情趣。至于王维的好友孟浩然，他虽然不明显地皈依佛教，诗中情趣颇有与王维相似之处。韦应物也可以作如是观。

到了宋代和宋代以后，山水诗仍然存在，山水诗与佛教禅悟的关系也依然存在。我在这里不详细谈了。我只想补充几句关于中国山水画的看法。我觉得，中国山水画的产生与发展，与中国山水诗的发展，基本上表现出同一规律。王维"诗中有画，画中有诗"是一个再好不过的例子。

五、言意之辨

我在上面讲了四个问题，重点是诗与禅的不同之处和共同之处。我大胆地提出了"什么叫'悟'"和"'悟'到了什么东西"这样的问题，并给予了解答。我用自己的看法解释了诗与禅的关系，特别是禅与中国山水诗的关系，自认还能自圆其说，但是诗与禅的根本问题依然存在，还没有得到解决，进一步加以探讨，是不可避免的。我并非此道专家，但是对此道的文献却确实阅读了不少。可惜的是，就我浅见所及，没有发现哪一个是搔着痒处的。我不揣谫陋，自己再大胆一下，提出一个看法，以求教于方家。

简而言之，我的看法是，要从言意之辨谈起。

（一）言意之辨

言和意的关系，是几千年来困惑着中外许多大哲学家、大文学家，还有其他许多什么家的一个哲学、文学、心理学等等方面的重要问题，一直到今天也还没有得到真正的解决。所谓"言"，指的是人类的语言文字；所谓"意"，内涵颇为复杂。举凡人类的内心活动，感觉和知觉，思维和想象，情绪和情感，等等，都属于"意"的范畴。人们内心的审美经验，也属于这一类。这一些内心的活动，想要表达出来，手段可以有很多，音乐、舞蹈、绘画、雕塑等等都是，但是最普通、最重要的则是语言文字。所有这一些手段，特别是语言文字，都不能完整地把"意"表达出来，总有不少的距离，于是来了矛盾，来了困惑，产生了"言意之辨"的难题。

中国古代老子和庄子已经发现了这个问题。老子说："道，可道，非常道；名，可名，非常名。"不是说道不总是可道的吗?庄子说："筌者所以在鱼，得鱼而忘筌。言者所以在意，得意而忘言。"这话说得非常清楚了。哲学家的话比较朴实，到了文学家、文艺理论家笔下，问题依然，说法却有了变化；说理的成分少了，描绘的成分增加了。中国古代文论中很有影响的"意境"或"境界"和形象的问题，也与此有关。把意境形象化，就产生矛盾。唐皎然的《诗式》讨论了这个问题。他所说的"采奇于象外""文外之旨"等等，可见一斑。司空图的《诗品》中碰到了同样的问题。他所说的"超以象外，得其环中"，含义相同。人们常争论的"形似"与"神似"的问题，归根结蒂，也产生于把人们心中的"意"如何外化，如何形象化的问题。王渔洋最欣赏的"不着一字，尽得风流"八字，说明他倾向神似，反对形似，也说明，他认为字的作用是极其有限的。宋代严羽的《沧浪诗话》，是以援禅入诗著名的。他大概在作诗与参禅中也遇到了言不尽意的麻烦。他不用或者没有能力用说理的或者叙述的方式来表达，而是采用了一些形象化的，美妙无比的比喻来表示。比如，他认为诗的妙处在于"不可凑泊，如空中之音，象中之色，水中之月，镜中之像"，在于无迹可求，在于言有尽而意无穷。唐人戴叔伦也发表了类似的看法："诗家之景，如蓝田日暖，良玉生烟，可望而不可置于目睫之间。"禅家所说的"羚羊挂角，无迹可求"，也是这个意思。他们还说什么"言语道断""不立文字"等等，含义也一样。

　　类似的例子还可以举出很多很多来，看来用不着再一一列举了。诗人与禅客悟到了一些东西，但是，正如俗话所说的，好像是在茶壶里煮饺子，肚子里有，只是说不出来。原因究竟何在呢？

诗人与禅客，或者作诗与参禅，从表面上来看，是两种性质不同的活动。但是，既然共同点在一个"悟"字上，则所悟到的东西必有共同之处。作诗的"悟"，有技巧方面的问题，但是，更重要的是，与参禅一样，悟到的是"无我"，是"空"，是内容方面的东西。这些东西都是虚无缥缈的，抓不住看不到的。过去中外都有人企图加以解释，都有点似是而非。我现在想尝试着从言意的关系上来解决这个问题。最近由于一个偶然的机会，陶东风同志把他所著的《中国古代心理美学六论》送给了我，读了其中的一论《言意论》，觉得茅塞顿开。他结合中国的传统理论，利用了西方当前的一些理论流派的说法，对言意关系这个古老的问题，做出了崭新的解释，持之有故，言之成理，读之耳目为之一新。我现在就基本上根据陶东风的叙述，加上我自己的一些想法，来阐释一下作诗与参禅的问题。

　　所谓"意"，我在上面已经稍有解释，其内容并不像一般人想象得那样简单。人类意识经验是有不同的层次的。弗洛伊德把它分为意识、前意识、无意识三个层次。人类经验中那些处于明确、简单的意识层次上的经验，与语言的关系比较紧密，较易传达，因而少有"言不尽意"的现象。但是那些飘忽不定、朦胧模糊、来去无踪的下意识、无意识的经验，则难以用言语来表达。有一种"非语言的思维之流"，这也是事实，无法否认。人们常说的"形象思维"，也表示类似的东西。理性的科学思维离不开语言，而一些转瞬即逝的印象，一股潜意识流程，则可以超语言而存在。

　　陶东风还引用了拉康的理论。拉康认为语言结构和人的意识结构、人格结构之间有一种对应，图示如下：

$$\frac{能指(S)}{所指(S)} = \frac{表层}{深层} = \frac{显梦}{隐梦} = \frac{意识}{无意识} = \frac{超我}{本我}$$

语言的操作相当于梦的操作。语言的表层即能指的字面意义，仅是人的心理活动的表层，深层的所指则隐藏不见。在表示的符号（能指）和被表示的意义（所指）之间，其关系仅仅是一种暗示，甚至毫无关系。被表示的东西总是作为"言外之意"而不能直接把握。审美经验非常接近无意识、隐梦、深层经验。"言不尽意"的产生根源，即在于此。

陶东风引用的理论，粗略地说，就是这样。我认为，这样的理论是能够解决言意关系所产生的矛盾问题的。陶东风说：

> 普通的感官知觉是人类认知活动中的知觉，它满足于认识事物的不变的共同的特征，与此相对应的普通语言也就有了意义的相对稳定性、单一性和清晰性；而审美的知觉经验则是无限复杂和丰富的，语言无论如何是无法穷尽它的。这一方面导致文学家为此而创造另一种情感语言或叫文学语言，另一方面导致文学语言中有"言不尽意"和"言外之意"的现象。

再结合我在本文中讨论的作诗与参禅中所碰到的"言不尽意"的现象来看一看，作诗的审美经验十分复杂，有时候并不处在意识的层次上，而参禅则多半是在深层活动，近乎下意识或潜意识的活动。只能用陶东风引用的新的学说，才能得到比较满意的解释，事情不是已经很清楚了吗？

（二）一个印度理论

写到这里，我想顺便介绍一个印度理论，以资对比。

印度古代有丰富的文艺理论宝库。公元9世纪至10世纪是发展的全盛时期，也可以说是一个新纪元、一个转折点。9世纪出了一位欢增（Ānandhvardhana），名著叫《韵光》（*Dhvanyāloka*）。10世纪出了一位新护（Abhinavagupta），名著叫《韵光注》和《舞论注》。他继承和发展了欢增的理论。这个理论的轮廓大体如下。词汇有三重功能，能表达三重意义：

一、表示功能：表示义（字面义，本义）。

二、指示功能：指示义（引申义，转义）。

三、暗示功能：暗示义（领会义）。

这三个系列又可以分为两大类：说出来的，包括一和二；没有说出来的，包括三。在一和二也就是表示功能和指示功能耗尽了表达能力之后，暗示功能就发挥作用，这种暗示就是他们所谓的"韵"。这种暗示功能有赖于读者的理解力和想象力。读者的主观能动性在这里可以得到充分的发挥。印度理论家喜欢举的例子是"恒河上茅屋"，其表示义是"恒河上"，指示义或引申义是"恒河岸上"，暗示义是"凉爽""圣洁"。他们把诗分为三个层次：第一，真诗，以没有说出来的东西也就是暗示的东西为主；第二，价值次一等的诗，没有说出来的只占次要的地位；第三，没有价值的诗，把一切重点都放在华丽的语言上，放在雕琢堆砌上。

我觉得，印度古代文艺理论家的这种理论，同我在本文中所讨论的言意关系问题，有相同或者相似之处。中国文艺理论家说，言不尽意；而印度理论家则更进一步说，只有无言，才能尽意。这是二者不同之处。值得注意的是，我在上面引用拉康的理论时说到，能指与所指的关系是暗示。在这里，印度理论家所强调的正是这个暗示。

（三）　中国语言文字的作用

最后，我认为必须谈一谈中国汉语言文字在作诗和参禅中所起的作用。我也想由此来解释，为什么禅宗独独在中国产生而又得到了比较充分地发展，为什么独独在中国作诗与参禅产生了这样密切的关系。

我想从模糊语言学谈起。

模糊学是在20世纪60年代兴起的一门新科学，是一门新的边缘科学，是从数学、哲学、逻辑学、语言学等诞生出来的。"模糊语言的概念是模糊集合理论中最重要的进展之一。"详细情况我无法在这里介绍，请参阅伍铁平上引文以及其他论文。

稍一仔细思考，就会发现，人类语言中确有很多模糊的地方，词汇、语法等等，莫不皆然。"模糊"一词绝没有任何贬义。再引扎德的说法，模糊类是指"其界限不是泾渭分明地确定好了的类别"，或者换个说法，模糊类是指"该类中的成员向非成员的过渡(transition)是逐渐的，而非一刀切的"。语言中的现象正是这个样子。

模糊性是世界上所有的语言所共有的。但是诸语言之间，其模糊程度又是各不相同的。据我个人的看法，没有形态变化的汉语是世界上模糊性最强的语言。想要举例子，那真是俯拾即是。我先举一个简单的例子，温庭筠的两句诗"鸡声茅店月，人迹板桥霜"是脍炙人口的，其中既无人称，也没有时态，连个动词都没有，只是平铺直叙地列上了六种东西，其间的关系也是相当模糊的。但是，无论谁读了，都会受到感染。人们可以根据各自不同的人生经验，把这六种东西加以排列组合，总起来给人一种深秋旅人早晨登程的荒寒寂寞的感觉，具有极浓的艺术感染力。主人是谁呢？根本没有说出，然而又呼之欲出。如果用印欧语系的富于形态变化的语言来重新加以改写，六种东西的相互关系以及它们与"主人"的关系，会清楚很多很多，然而其艺术感染力不也相对地会减少很多很多吗？原因我认为就是，这种明确了的关系会大大地限制读者的想象力的发挥，这对于审美活动是不利的。

陶东风在上引书中为了说明中国古代文学语言之不可穷尽性和朦胧性，举出了两首短诗，连同它们的英译文。一首是唐卢纶的《塞下曲》（月黑雁飞高），一首是唐李白的《静夜思》（床前明月光）。汉文原文时态不确定，人称不确定等等。一旦译成英文，这些东西都不可避免地要一一补齐，否则就不成其为文章。然而，这样一补，原文的不确定性和朦胧性也就丧失净尽，审美经验也就受到了影响。同样一首诗，两种语言产生了两种效果，其对比是再明显不过的了。

陶东风没有从模糊语言这个角度来理解这个问题，把模糊理论引入，是我的做法。最近九年以来，我经常讲到一个问题：西方文化的思维模式是分析的，而东方（中国）文化的基本思维模式则是综合的。所谓"综合"，主要是要强调"普遍联系"和"整体概念"。从这两种不同的思维模式中产生出来的文明或者文化，是有所不同的。表现在语言方面，汉语和印欧语系的语言是最典型的代表。一些语言学家在这方面做过一些探索。比如申小龙就有非常精辟的见解，在他所著的《中国句型文化》中，他提出了焦点视与散点视的观点。他说：

在某种意义上说，西方语言的句子是一种焦点视语言……一般来说，西方语言句子的谓语必然是由限定动词来充当的。这个限定动词又在人称和数上与主语保持一致关系。句子中如果出现其他动词，那一定采用非限定形式以示它与谓语动词的区别。因此，抓住句中的限定动词，就是抓住句子的骨干。整个句子格局也就纲举目张。西方句子的这种样态，就像西方的油画一样，采用的是严格的几何形的焦点透视法。

在另一方面，"汉语句子的认知心理不是'焦点'视，而是'散点'视"。"汉语句子的思维不是采用焦点透视的方法，而是采用散点透视的方法，形成了独特的流水句的格局。这很像中国画的透视。"这观察是非常细致而准确的。中国汉语的这个特点还表现在其他方面，它是从中国的思维模式产生出来的。我在上面已经说到，世界上所有的语言都有程度不同的模糊性，而汉语则是模糊中之特别模糊者。

我再重复一遍："模糊"一词绝没有任何贬义。我们毋宁说，这种模糊性更能反映语言的客观情况。

汉语这种模糊性和作诗与参禅有什么联系呢？

我先谈作诗。诗人心中有了"情"，有了"意"，需要表达。但是古往今来的任何国家的任何诗人，不管多么伟大，也绝不可能言以尽意，总会碰到言不尽意的矛盾。他们只能把最精彩的东西保留在自己心中，成为千古重复了无数次的悲剧。谁也改变不了，而且永久也不会改变，这是说的作者。从读者方面来说，审美经验也是极难确定的，换句话说就是相当模糊的。根据接受理论，其关系是作者→作品→读者；然后是读者→作品→作者，是一个倒转过来的读者与作者相互猜谜的活动。刘勰在《文心雕龙》中有几句非常精彩的分析："夫缀文者情动而辞发，观文者披文以入情，沿波讨源，虽出必显。"这种猜谜活动，确实是异常模糊的。中国古人说："诗无达诂。"可谓慨乎言之矣。

　　这样一来，模糊朦胧的语言，也许比明确清晰的语言，更具有魅力，更具有暗示的能力，更适宜于作诗，更能让作者和读者发挥自己的创造力。作为诗的语言，汉语在世界众语言中的地位，是无与伦比的。中国作诗，讲究"炼"字。在中国文学史上这样的例子多得很，什么"红杏枝头春意闹"，什么"春风又绿江南岸"，什么"云破月来花弄影"，什么"僧敲月下门"，等等，简直俯拾即是，为世界文学史中所仅见。这种情况是由汉语的特点所决定的，而汉语的特点又是与它的不分词类、没有时态等等语法特点分不开的，换句话说，就是与它的模糊性分不开。

　　现在再谈参禅。当年灵山会上，如来拈花，迦叶微笑。师徒二人葫芦里卖的什么药，我辈凡人，实在弄不清楚。禅宗在中国兴起以后，最初是不立文字，到了后来，发展成不离文字。个中消息，是颇值得参一参的。流传于许多《传灯录》中的所谓机锋，绝大部分是语言。从《祖堂集》到《五灯会元》，莫不皆然。这些机锋都是非常难以理解的。张中行先生怀着极大的勇气，居然把这些天书般的机锋整理成了十一类。我真是非常佩服。我现在借花献佛，从中抄出几个来，给读者一点感性的认识：

云门海晏禅师——僧问："如何是衲下衣事？"师曰："如咬硬石头。"

幽溪和尚——问："如何是祖师禅？"师曰："泥牛步步出入前。"

抚州覆船和尚——僧问："如来是佛？"师曰："不识。"问："如何是祖师西来意？"师曰："莫谤祖师好！"

庞蕴居士——后参马祖（道一），问曰："不与万法为侣者是什么人？"祖曰："待汝一口吸尽西江水，即向汝道。"

延寿慧轮禅师——僧问："宝剑未出匣时如何？"师曰："不在外。"曰："出匣后如何？"师曰："不在内。"

石头希迁禅师——僧问："如何是解脱？"师曰："谁缚汝？"问："如何是净土？"师曰："谁垢汝？"问："如何是涅槃？"师曰："谁将生死与汝？"

清平令遵禅师——问："如何是有漏？"师曰："筊篱。"曰："如何是无漏？"师曰："木勺。"

三平义忠禅师——讲僧问："三乘十二分教，某甲不疑。如何是祖师西来意?"师曰:"龟毛拂子,兔角拄杖,大德藏向什么处?"

金轮可观禅师——问:"从上宗乘如何为人?"师曰:"我今日未吃茶。"

国清院奉禅师——问:"十二分教是止啼之义,离却止啼,请师一句。"师曰:"孤峰顶上双角女。"问:"如何是佛法大意?"师曰:"释迦是牛头狱卒,祖师是马面阿旁。"问:"如何是西来意?"师曰:"东壁打西壁。"

保福可俦禅师——僧问:"如何是和尚家风?"师曰:"云有青天水在瓶。"

兴教惟一禅师——问:"如何是道?"师曰:"剌头入荒草。"曰:"如何是道中人?"师曰:"干屎橛。"

中国禅宗机锋的例子,多得不得了。举出上面这一些来,可见一斑了。这里也有一个接受过程。说话者→说出来的话→听者。然后听者→说话者的话→说话者,倒转过来,以意逆志。听者猜到的谜,与说话者要说出来的谜,其间距离究竟有多大,那只有天晓得了。这同如来拈花,迦叶微笑一样,是永远摸不到底的。但是,只要说者认可,别人也就不必越俎代庖了。这些机锋语言,看来五花八门;但是,据我看,纲只有一条,这就是中国汉语的模糊性。参禅斗机锋,本来就是迷离模糊的,再使用中国朦胧模糊的语言,可谓相得益彰了。在这里,我必须补充几句。对斗禅机来说,汉语的模糊性同作诗不完全一样。它不表现在语法形态上，而表现在内容含义上。然而其为模糊则一也。

写到这里，我可以回答我在上面提出来的两个问题了：为什么禅宗独独在中国产生而又得到了比较充分的发展？为什么独独在中国作诗与参禅才产生了这样密切的关系？我们回答是，其中原因之一就是汉字的模糊性。

表现在禅机方面的，除了语言之外，还有动作，比如当头棒喝，拈杖竖拂，直到画圆相，做女人拜，等等，等等。因与语言无关，我就不谈了。

文章就算写完了。义理非吾所好，亦非吾所长，只是阴差阳错，成了一只被赶上了架子的鸭子，实非所愿，欲罢不能，不得已而为之。我在文章开始时说道，与其让别人在自己脑袋里跑马，不如自己来跑上一趟。现在终于跑完了。张中行先生自谦是"禅外谈禅"。我毫不自谦是"野狐谈禅"。"野狐"是否能看到真正内行人所看不到的东西呢？这就要请方家指正了。

1992 年 2 月 1 日

中国文化的内涵

历史研究断想

我自认为是半个历史研究工作者。五十多年以来，读过很多历史著作，自己也进行过一些研究和探讨。但是，到了今天，年届耄耋，却忽然像一个小学生一样豁然开朗，认识了历史研究中的一个根本问题：历史，特别是古代史研究中的很多结论，不管看上去多么确凿可靠，却只能是暂时的假设，与真正的结论相距极远。

大家都承认，今天我们对古代史的了解，在深度和广度上，都要超过前人。换言之，离开古代越远，则对古代史的了解越深刻，越细致，时代差距与了解正成反比。个中原因并不复杂，归纳起来，大约有三个原因：

第一，研究的指导思想随时在变，越变越准确、越精细，从而也就越能实事求是。大而言之，利用历史唯心主义作指导思想，与利用历史唯物主义，其结果大不相同，这是大家都承认的事实。但是，我这里所谓的历史唯心主义和历史唯物主义，是名副其实的，决不能作教条主义的、肤浅的、僵化的理解。最近四五十年的历史研究，取得了很大的成绩，但也由于教条与僵化，产生了不少的问题。

第二，研究的手段也随时在变。我举一个极其明显的例子：搜集资料。进行科学研究，必须搜集资料，搜集得越齐全，越好。这是尽人皆知的常识。但是怎样才能搜集得齐全呢?过去有很长一段时期是靠学者的记诵之功。后来出现了索引，这大大地有助于资料的搜集。但仍难免有所遗漏。最近若干年来有了电脑，只要把一部书输入，则查检起来必能竭泽而渔，决不会有任何遗漏。

第三，新材料的发现越来越多。在这方面最明显的是考古发掘，但也不限于此，比如孔壁古文就不是考古发掘的结果。专就考古发掘而论，世界上可以发掘的地方多如牛毛，中国当然也是如此。我甚至有一个想法：地下埋藏的历史，比我们已知的还要多。

以上三个方面，仅仅是荦荦大者。其他次要的原因我就不一一列举了。

记得章实斋曾经说过："六经皆史也。"这个说法得到了近代学者的赞同。六经是我国形诸文字的最集中的文化载体，研究中国古代史是绝对离不开的。但是，我们对六经的理解却经历了一个漫长的过程。今天看汉人的解经，难免有离奇荒诞之感。司马迁作《史记》，引了一些《书经》里面的话，都不是原封不动，而是加以"当代化"。以后，到了清代，经过了许多朴学考据大师的诠释，才了解得多了不少。但是，一直到今天，还没有哪个学者敢口出大言，说自己完全了解。《书经》如此，其他诸经以及别的古典文献，莫不皆然。孔壁古文的发现，汲冢周书的发现，后来敦煌古籍的发现，接踵而至。每一次发现都能增加我们对古书的了解。至于考古发掘工作在这方面的贡献，更是尽人皆知。这样的发现将来还会不断地出现。因此，我们根据目前能得到的资料所做的结论，都必然只能是暂时的。

考古发掘工作对历史研究有巨大贡献，最突出、最具体、最典型的例子是我国新疆的考古发掘。原来我们对于这一带的历史地理情况，通过中国的古籍，有了一些了解，但是从19世纪末20世纪初的考古发掘工作中，我们看到了大量的实物，不管是文字的还是非文字的，都大大地扩大了我们的眼界，加深了我们的认识，对这个地区的古代史地情况才有了比较全面的了解。

上面讲的多是空洞的理论。我现在举一个具体的例子。例子真可以说是俯拾即是，不能多举，仅举一个有重大意义的。

我们有很长时间都认为，甲骨文是中国最古的文字。这也算是一个结论吧。但是事情是不是真就是这个样子呢？很可能不是。在新中国成立前，唐兰先生在他的《古文字学导论》这一部书中，就曾提出了中国文字可能产生在夏代以前的观点。当时意见极不相同，但由于资料不够多，无法做出结论。最近我在《中国史研究动态》1992年第8期第19页读到胡厚宣先生的一段话，我现在引在下面：

历史研究断想

目前已知甲骨文有十五万件，最近又新发现了一个藏甲骨的大坑。甲骨文已是一种很成熟的文字，《说文》中的六书，甲骨文都已具备。看来在甲骨文以前就应有原始文字。所谓仓颉造字，很可能他是研究整理当时文字的专家。现在豫、晋、陕、鲁等地都发现了史前文字，可材料太少，未能与甲骨文联系起来。可以推论，甲骨文之前文字已有了很长历史。现在需要考古、历史、地理各界联合起来，共同寻找炎黄时代的古文字。

这不过只是众多例子中的一个，但是，我相信，它会有举一反三的作用。

总之，我想说的无非是，我们历史科学工作者，第一，不能认为任何结论都是真理，不可动摇；第二，必须敞开思想、放远眼光，随时准备推陈出新，改变以前的所谓结论；第三，我们必须随时注意新材料的发现，不管它是来自考古发掘，来自新发现的古籍，还是来自某一个地方偶然发现的石碑、墓碑等等；第四，我们必须随时注意报纸杂志上的文章，特别是国外的报纸杂志。

我在这里想着重指出考古发掘的重要性。有人告诉我说，往往有这种情况：中国考古工作者发掘了某一个地方，经过艰苦的劳动和细致的探索，写出了发掘报告，把发掘的情况和发掘出来的实物，都加以详尽准确、科学的描述。作为发掘报告，有极高的水平。但是往往不把这些发掘结果应用到历史研究上来。结果给外国的历史学家提供了素材，他们利用了这些素材，证之以史籍，写出了很高水平的历史专著。如果真有这种情况的话，我国的考古学者和历史学家真应该认真对待。最好的做法当然就是，自己发掘，自己研究，自己利用。

我的这些想法可能都是肤浅的。一得之愚，仅供参考而已。

1992 年 9 月 21 日

中国古史应当重写

去年夏天，我应人民日报社和日本朝日新闻社的邀请，到长江豪华游轮峨嵋号上去参加一个有关21世纪文化的国际研讨会。我们途经武汉和荆州，然后在宜昌上船，开始学术讨论。

在武汉，我们参观了黄鹤楼和博物馆。在博物馆里，我看到了许多出土的文物，其中有许多青铜器和名震世界的编钟。我大为惊诧，简直是闻所未闻、见所未见，心中兴奋，非言语所能表达。

我们从武汉到了荆州。在那里又参观博物馆，看到了更多的精美绝伦的从古墓里出土的青铜器，我的惊诧又上了一个台阶。在这里又看到了编钟，并且听了演奏。这一套编钟计65件，分层悬挂着。这套编钟是目前世界上已知最早的、音域最宽的、具有12个半音音阶的特大定调乐器。美国音乐家麦克·克来恩教授说，"曾侯乙编钟是我们精神世界的圣山"，并誉之为"世界上第八奇迹"。著名小提琴家梅纽因也说："希腊的乐器是全世界都承认的，可是希腊的乐器是竹木的，到现在不能保存下来，只有中国的乐器还能够使我们听到两千年前的声音。"可见世界上音乐大家对编钟评价之高。能产生"世界上第八奇迹"和其他许许多多精美铜器的地方，一定会有异常雄厚的文化基础和经济基础，这是不辩自明的。古代的楚国是文化辉煌之邦，这已经是十分明显的了。

我在参观时的一个强烈的想法就是：中国古代历史必须重写。

楚国，也可以泛泛地说中国的南方，在中国过去的历史著作中占的地位怎样呢?有目共睹，它没有占到应有的地位。在所有的中国通史中，比如郭沫若的，范文澜的，吕振羽的，翦伯赞的，尚钺的，以及比这些书更早一点的夏曾佑的《中国古代史》，统统都是文化北方中心论。黄河流域确实是中华文化发源地，但是最晚到了周代，楚文化或南方文化已经勃然兴起。再重弹北方中心论的老调，已经不行了，已经不符合实际情况了。

从别的方面着眼，也可以证明这一点。我在这里只举一个例子，这就是《楚辞》。像屈原这样伟大的诗人，如果没有丰厚的、肥沃的、而且又是历史悠久的文化土壤，是决难以出现的。屈原的著作幻想瑰丽，描绘奇诡，同代表北方文化的《诗经》，文风迥乎不同。勉强打一个比方，北方接近现实主义，而《楚辞》则多浪漫主义色彩。这一点恐怕是许多人能接受的。

屈原的作品中，无论是在词句方面，还是在内容方面，都有一些北方作品中不曾见的东西。比如《天问》中的许多神话，根据中外一些学者的研究，同外国的有颇多相似之处，其中很可能有相互影响的关系。又如《离骚》一开头就有"摄提贞于孟陬兮"这样的句子。"摄提"一词，确有点怪。是否与天竺天文有关?学者们有这个说法，还有待于进一步的探讨。类似的例子还可以举出一些来，我不再一一列举了。我的意思只是想说明，至晚到了周代，楚文化或南方文化已经达到了相当高的水平，同域外的文化交流也已经有了一些。在这些方面，至少可以同北方文化并驾齐驱。然而在学者们的历史著作中，从而在一般人的心目中，南方仍然是蛮荒之地，在文化上上不得台盘。这是非常不公平的，也是不符合实情的。这样写出来的中国古代史是不完全的。所以我就主张：中国古史应当重写。

1993 年 4 月 8 日

中国古史应当重写

漫谈竹枝词*

　　竹枝词，作为乐府曲名，虽然起源于唐代，但是，我总怀疑，它是源远流长的。它同许多中国文学形式一样，最初流行于民间，后来逐渐为文人学士所采用。而对竹枝词来说，这个民间可能就是四川东部巴渝一带。唐刘禹锡任夔州刺史。有一次他来到建平（今重庆巫山县），听到了民间的儿歌，受到启发，写了《竹枝》九篇。每首七言四句，绝类七言绝句，但不甚讲平仄，押韵也较灵活。当时白居易也有《竹枝》之作。

　　刘禹锡在《引》中说：

　　　　昔屈原居沅、湘间，其民迎神，词多鄙陋，乃
　　　为作《九歌》，到于今荆楚鼓舞之。

刘禹锡并无意把《竹枝》的产生地带同《九歌》联系起来。但是，我认为，这是可以联系起来的。中国古代荆楚一带文化昌

盛，几年前发掘出来的编钟震动了世界，就是一个很有说服力的例子。巴、渝地邻荆楚，可能属于同一个文化圈。民间宗教信仰以及祭神仪式和乐章，容或有相通之处。

从歌词内容上来看，也可以看出一些线索来。中国古代南方荆楚一带的诗歌，比如《楚辞》，意象生动，幻想联翩。勉强打一个比方，可以说是颇有一点浪漫主义的气息，同北方以《诗经》为代表的朝廷或民间的诗歌迥异其趣，这种诗词威仪俨然，接近古典主义。竹枝词在情趣方面比较接近《九歌》等荆楚文学作品。

根据上面这些考虑，我就怀疑竹枝词是源远流长的。

在中国文学史上，以《竹枝》或《竹枝词》命名的文学作品不是太多。这方面的专著或论文数量也极少。我个人觉得，这似乎是一个小小的憾事。

王慎之先生是一个有心人，多少年来专门从事竹枝词的搜集、整理与研究工作，成绩斐然，已有专著出版，享誉士林。现在她又搜集了外国竹枝词，包括了东西方很多国家。作者不一定都曾身履其境，但竹枝词中所描绘的当地的老百姓的生活情趣，却几乎都是生动活泼，栩栩如身历。这会受到士林，特别是研究中国文学史的同行们的热烈欢迎，是完全可以预卜的。我向她祝贺。

外国竹枝词，同中国竹枝词一样，作为一个文学品种，非常值得重视。但是，根据我个人的经验，较之中国竹枝词，外国竹枝词还有更值得珍惜的一面。几年前，我写《中印文化交流史》时，曾利用过清尤侗的《外国竹枝词》中有关印度的那几首。把古里、柯枝、大葛兰、榜葛剌那几首都引用到书里，给平庸单调的叙述凭空增添了不少的韵味。我相信，留心中印友好关系的读者，读了这几首竹枝词以后，也会感到情致嫣然，从而增加了对印度人民的理解与感情。其他国家可以依此类推。由此看来，这些外国竹枝词的意义就不限于文学方面，其政治意义也颇值得重视了。

我向王慎之先生祝贺，祝贺这一部书的出版。我怀着愉快的心情写了这一篇序。

1993 年 7 月 4 日

中国文化的内涵

漫谈文学作品的阶级性、
时代性和民族性

　　最近翻看宋人笔记，发现一条内容基本相同只是稍有改变的笔记，竟出现在八本书中。我现在从宋赵与峕的《宾退录》卷九中把这条笔记抄在下面：

> 　　读诸葛孔明《出师表》而不堕泪者，其人必不
> 忠；读李令伯《陈情表》而不堕泪者，其人必不孝；
> 读韩退之《祭十二郎文》而不堕泪者，其人必不友。

这给我们提出了一个值得深思的问题。这条笔记始作俑者是谁，我想，我们不必去深究。既然它出现在几本书中，可见它触到了一些人的灵魂，引起了共鸣。我们今天读了，仍然会在不同程度上引起共鸣。至少是我自己，还有我认识的一些朋友，读了《出师表》《陈情表》和《祭十二郎文》，确有想堕泪之意。这几篇古典文学作品确实触碰到了我们内心中的某一些地方，震撼了我们的灵魂，使我们受到感动，得到了"净化"。

但是，最近四五十年以来，我们的唯物主义的文艺理论告诉我们：文学作品是有阶级性的，是有时代性的，是有民族性的。《红楼梦》中贾府上的焦大不会喜欢林妹妹，事实昭著，不容否认。这一套唯物主义文艺理论，有其正确之处，也不容否认。

连不可能是历史唯物主义者的清代诗人赵瓯北也高唱"江山代有才人出，各领风骚数百年"。可是中国文学的发展却在一定程度上否定了赵瓯北的论点。李杜文章到了现代，经过了不是数百年，而是一千多年，仍然很"新鲜"。像李白、杜甫，中国还有一些诗人和散文家，诸葛亮、李密和韩愈就属于这一些人。外国也有一些作家和作品，可以归入这个范畴。

这些作家和作品的阶级性、时代性和民族性哪里去了呢？我个人觉得，倒是马克思主义的老祖宗马克思敢于说：希腊神话有永恒的魅力。

最现成、最合理的解释就是，在承认文学作品的阶级性、时代性和民族性的同时，还承认一个贯通这些性，或者高踞于这些性之上的性：人性。我这种说法或者想法，在文艺理论家眼中，也只能是文艺理论幼儿园的水平。但是，在过去一段时间内，谁要提"人性"就是"人性论"，而"人性论"就是"修正主义"，离反革命只有一根头发丝的距离了。我们今天托了改革开放的福，敢于把人性提了出来。我偶然读到宋人的笔记，心有所感，不避幼儿园之讥，写了以上这许多话。

1993 年 8 月 22 日

国学漫谈

《国学，在燕园又悄然兴起》一文在国内外一部分人中引起了轰动。据我个人看到的国内一些报纸和香港的报纸，据我收到的一些读者来信看，读者们是热诚赞成文章的精神的。

想要具体的例证，那可以说是俯拾即是。前不久，我曾就东方文化和国学做过一次报告。一位青年同志写了一篇"侧记"，叙述这一次报告的情况，读者如有兴趣，可以参阅。我因为是当事人，有独特的感触，所以不避啰唆之嫌，在这里对那天的情况再讲上几句。

那是一个阴雨连绵的晚间，天气已颇有寒意。报告定在晚上7时。我毫无自信，事先劝同学们找一个不太大的教室，能容下100人就行了。我是有私心的，害怕人少，讲者子然坐在讲台上，面子不好看。然而他们坚持找电教大楼的报告大厅，能容下400人。完全出我意料，不但座无虚席，而且还有不少人站在那里，或坐在台阶上，都在静静地谛听，整个大厅里鸦雀无声。我这个年届耄耋的世故老人，内心里十分激动，眼泪在眼睛里打转。据说，有人5点半就去占了座位。面对这样一群英姿勃发的青年，我心里一阵阵热浪翻滚，笔墨语言都是形容不出来的。

海外不是有一些人纷纷扬扬，说北大学生不念书，很难对付吗？上面这现象又怎样解释呢？

人世间有果必有因。上面说的这种情况也必有其原因。我经过思考，想用两句话来回答：顺乎人心，应乎潮流。

我们中华民族拥有5000年的光辉灿烂的文化，对人类做出了卓越的贡献。很难想象，世界上如果缺少了中华文化会是一个什么样子。前几年，弘扬中华优秀文化的号召一经提出，立即受到了国内外炎黄子孙的热烈拥护。原因何在呢？这个号召说到了人们的心坎上。弘扬什么呢？怎样来弘扬呢？这就需要认真地研究。我们的文化五色杂陈、头绪万端。我们要像韩愈说的那样："沉浸酿郁，含英咀华。"经过这样细细品味、认真分析的工作，把其中的精华寻找出来，然后结合具体情况，从而发扬光大之，期有利于中国人民和世界人民的前进与发展。"国学"就是专门做这件工作的一门学问。旧版《辞源》上说：国学，一国所固有之学术也。话虽简短朴实，然而却说到了点子上。七八十年以来，这个名词已为大家所接受。除了"脑袋里有一只鸟"的人（借用德国现成的话），大概不会再就这个名词吹毛求疵。如果有人有兴趣、有工夫去探讨这个词儿的来源，那是他自己的事，我无权反对。

国学绝不是"发思古之幽情"。表面上它是研究过去的文化的，因此过去有一些学者使用"国故"这样一个词儿。但是，实际上，它既与过去有密切联系，又与现在甚至将来有密切联系。现在我们不是都谈建设有中国特色的社会主义吗？什么叫特色？特色表现在什么地方？我曾反复思考过这个问题。

我觉得，科技对我们国家建设来说，对发展生产力来说，是非常重要的，万万不能缺少的。但是，科技却很难表现出什么特色。你就是在原子能、电脑、宇宙飞船等等尖端科技方面，有突出的成就，超过了世界先进国家，同其他国家比较起来，也只能是程度的差别，是水平的差别，谈不到什么特色。我姑且称这些东西为"硬件"。"硬件"的本质都是一样的，没有什么特色可言。

特色最容易表现在精神文化方面，我姑且称之为"软件"，哲学、宗教、文学、艺术、伦理、道德、经营、管理等等都属于这个范畴。这些东西也是能够交流的，所谓"固有"并不排除交流，这个道理属于常识范围。以上这些学问基本上都保留在我们所说的"国学"中。其中有不少的东西可以说是中华文化、中华智慧的结晶，直至今日，不但对中国人发挥影响，它的光辉也照到了国外去。最近听一位国家教委的领导说，他在新德里时亲耳听到印度总统引用中国《管子》关于"十年树木，百年树人"的话。在巴基斯坦他也听到巴基斯坦总理引用中国古书中的话。足证中华智慧已深入世界人民之心。这是我们中国人应该感到骄傲的。所有这一些中国智慧都明白无误地表露了中国的特色。它产生于中国的过去，却影响了中国和世界的今天，连将来也会受到影响。事实已经证明，连外国人都会承认这一点的。

国学的作用还不就到此为止，它还能激发我们整个中华民族的爱国热情。"爱国主义"是一个好词儿，没有听到有人反对过。但是，我总觉得，爱国主义有真伪之分。在历史上，被压迫、被侵略的民族，为了自己的生存与尊严，不惜洒热血、抛头颅、奋抗顽敌、伸张正义，这是真爱国主义。反之，压迫别人、侵略别人的民族，有时候也高呼爱国主义，然而却不惜灭绝别的民族。这样的"爱国主义"是欺骗自己人民的口号，是蒙蔽别国人民的幌子。它实际上是极端民族沙文主义的遮羞布。例子不用举太远的，近代的德、意、日法西斯主义就是这一类货色。这是伪爱国主义。

中国的爱国主义怎样呢？它在主体上是属于真爱国主义范畴的。有历史为证，不管我们在漫长的封建时期内，"天朝大国"的口号喊得多么响，事实上我国始终有外来的侵略者，主要来自北方，先后有匈奴、突厥、辽、金、蒙、满等等。今天，这些民族基本上都成了中华民族的组成部分，但在当时只能说是敌对者，我们不能否定历史的本来面目。在历史上，连一些雄才大略的开国君主也难以逃避耻辱。刘邦曾被困于平城，李渊曾称臣于突厥，这是最明显的例子。我们也不能说，中国过去没有主动地侵略过别人，这情况也是有过的，但不是主流，主流是中国始终受到外来的威胁。正是由于这个原因，我们中国人民敬仰、歌颂许多爱国者，岳飞、文天祥、史可法等等都是。一直到今天，爱国主义，真正的爱国主义，始终左右我们民族的心灵。我常说，北京大学的优良传统之一，就是爱国主义，我这说法得到了许多人的赞同。探讨和分析中国爱国主义的来龙去脉，弘扬爱国主义思想，激发爱国主义热情，是我们今天"国学"的重要任务，国学的任务可能还可以举出一些来，以上三大项，我认为，已充分说明其重要性了。我上面说到"顺乎人心，应乎潮流"，我现在所谈的就是"人心"，就是"潮流"。我没有可能对所有的人都调查一番。我所说的"人心"，可能有点局限。但是，一滴水中可以见宇宙，从燕园来推测全国，不见得没有基础。我最近颇接触了一些青年学生。我发现，他们是很肯动脑筋的一代新人。有几个人告诉我，他们感到迷惘。这并不是坏事，这说明他们正在那里寻觅祛除迷惘的东西，正在那里动脑筋。他们成立了许多社团，有的名称极怪，什么"吠陀"，什么禅学，这一类名词都用上了。也许正在燕园悄然兴起的"国学"，正投了他们之所好，顺了他们的心。否则怎样来解释我在本文开头时说的那种情况呢？中国古话说："得道多助，失道寡助。"顺应人心和潮流的就是"道"。

但是，正如对人世间的万事万物一样，对国学也有不同的看法。提倡国学要有点勇气，这话是我说出来的。在我心中主要指的是以"文革"时期为代表的那一股极"左"思潮。我可万万没有想到，今天半路上竟杀出来了一个程咬金，在小报上写文章嘲讽国学研究，大扣帽子。不知国学究竟于他何害，我百思不得其解。无独有偶，北师大古籍研究所编纂《全元文》，按说这工作有百利而无一弊，然而竟也有人想全面否定。我觉得，有这些不同意见也无妨。国学，弘扬中华优秀文化，既然是顺乎人心、应乎潮流的事业，必然会发展下去的。

1993 年 12 月 24 日

丝绸之路与中国文化

——读《丝绸之路》的观感

　　稍微了解情况的人大概都会认为，这样一个题目太空泛、太陈旧，简直有点老掉了牙的味道了。如果摆在小报上或通俗刊物中，还可以勉强过得去。但当作学术论文，则没有再写之必要。我们对于丝路和中国文化的关系知道得实在已经够多了。在读阿里·玛扎海里著，耿昇译，中华书局出版的《丝绸之路——中国—波斯文化交流史》之前，我也有这样的想法。关于中波文化交流的著作，我们确实已经有了不少，举其荦荦大者，就有劳费尔、张星烺、朱杰勤、方豪、林悟殊、沈福伟等学者的著作。如果再计算上论文，那数量就更加可观。中国古代典籍中还有大量的原始资料，迄今还没有人认真探讨和利用。在这样的情况下，再谈丝路与中波文化交流，真有"曾经沧海难为水"之感。

　　但是，我读了耿译的《丝路》（以下皆用此简称）以后，眼前豁然开朗，仿佛看到了一个崭新的"丝路"。我原来根本没有想到的问题，书中提出来了，我原来想得不深的问题，书中想得很深了。这大大地提高了我对"丝路"的认识。阿里·

玛扎海里，祖籍伊朗，波斯文是他的母语。此外，他还通晓阿拉伯语以及许多中亚重要语言，研究"丝路"，这些语言都是绝对需要的，断断不可少的。至于西方重要的现代语言，他也大都能掌握。再加上他那极为丰富的学识，他可以说是撰写研究"丝路"专著的最恰当的人选。因此，他这一部书，即使难免还有一些不足之处，但总起来看，它超过了所有的前人的著作。我手不释卷，欲罢不能，在繁忙的工作和会议之余，几乎是一气读完。我应该十分感谢阿里·玛扎海里先生，我应该十分感谢耿昇同志。我想把这一部书推荐给所有研究"丝路"和中波文化交流史的学者们。

内心的激动逼迫着我拿起笔来，写了这一篇论文，想把我所感兴趣的一些历史事实介绍给读者。我一向对中外文化交流史感兴趣，其中对中波和中印文化交流史更感兴趣。最近若干年来，我从文化交流这个角度来研究糖史，而正是这个看似微不足道的糖，却在中印、中波、中阿文化交流中占有一定的地位。因此我的介绍，除了一般事实之外，重点是放在制糖术的交流上面的。

分以下几节：

一、几句内容充实的"套话"；

二、中国文化对外国文化的贡献；

三、对研究中国历史有裨益的小资料；

四、埃及制糖术；

五、波斯制糖术。

一、几句内容充实的"套话"

科学研究，包括人文社会科学和自然科学，其目的首先在于求真。真就一定能符合社会发展的规律。因此，真本身就是价值，就是意义。真，有的能够立竿见影，产生政治、经济或其他效益，有的就暂时不能。具体事例多得很，用不着列举。

文化交流史是一门科学，它当然不能脱离上述原则。但是，我个人认为，它是一门能立竿见影的科学，它能够产生政治、经济和其他效益。它至少能让人们了解到，人民与人民之间，民族与民族之间，一向是互相依存的、互通有无的、互相促进的、谁也离不开谁的。了解到这一点大有用处，它能加强人民与人民间、民族与民族间的感情与友谊。有了争端，双方或者多方要心平气和地来解决，不必大动干戈。对真正的侵略者和压迫者，他们是世界人民的公敌，当然不能照此处理。我始终相信，不管当前世界上看起来有什么矛盾，有什么危机，人类最终总会共同进入大同之域的。

二、中国文化对外国文化的贡献

中国人民对人类文化的杰出贡献，皎如日月，有口皆碑，无待赘述。但是，人们谈论的和我们想到的，无非是那著名的四大或几大发明，这是非常不完全的，也是不符合实际情况的。有众多细微的（也许并不细微）发明创造，我们不十分清楚。这无疑是一件憾事。令人奇怪的，也或许是令人欣喜的是，一些外国学者在这方面知道得要比中国学者多得多。英国著名的学者李约瑟就是一个最好的例子。现在我在谈的阿里·玛扎海里是又一个例子。

在他的这一部巨著里，在很多地方，好像是在有意与无意之间，它都指出了许多中国文化影响外国文化的事实，有不少是从来没有人提到过的。他讲得没有体系，我也不画蛇添足，勉强制造出一个体系来。我只是按照本书的顺序，把他讲的记录下来，标上中译本的页码，以便读者查阅核对，做进一步的探讨。我间或也抄一点他对这个问题的议论，有时我自己也发上一点议论，目的只在弄清事实，提高大家探讨研究的兴趣而已。

"译者的话"，页2：

作者于1960年著文《论杆秤起源于中国》，说古代罗马人使用的杆秤以及后来由此发展起来的衡具都应追溯其中国来源。

"中译本序"，页11：

波斯和中国两种文化有相似性。

同上，页13：

"我于此把中国读者当作知己而无所不谈。他们将会看到，在经过这样长的岁月之后，我是第一个受他们及其历史吸引的伊朗人。"（羡林注：加引号者是抄录的原译文，不加者则是我的叙述）

"导论"，页4：

"在促使古老的丝绸之路遭到遗弃的主要因素中，应该提到近代技术工业的诞生和发展，这种工业以代用品取代了来自中国的传统产品。"

同上，页5：

讲到中国纸的情况。

同上，页8：

波斯语曾是丝绸之路上的通行语言。

同上，页9：

讲到中国的大黄。

同上，页10：

讲到中国茶和"茶叶之路"。

同上，页12：

从明代到清代，中国出国的商队都具有"使节"的官方特点。外国人也只能以使节的身份进入中国。

同上，页17：

"中国人在与西亚的贸易中仅仅偏爱唯一的一种西方产品，即作为阿拉伯马之先祖的波斯马。在丝绸之路正常运行的整个期间，也就是说在近2000年期间，中国天子们一直不停地索求波斯马。"

羡林按：本书中多次谈到马，比如页136、页314，等等。下面页19，讲到大黄治马病。

页20：

"大黄、大枣等在很古老的时候就从中国传入波斯。"

页25：

这里作者谈到了"具有滋补强壮作用的人参或糖"。糖，我将在下面专章论述。

我引一段话："来自穆斯林一方的使节——队商要比来自中国一侧的多得多。因为主要是伊朗——伊斯兰世界需要中国产品，而中国则可以离开'西域'。"

正文，页81：

这里作者谈到酿酒的起源问题。他认为应该归诸中国。

页85：

作者对"中国的娱乐活动在世界上是独具一格的"（页45）这一句话所作的注是："我们不应该把'中国的娱乐活动'理解作已被萨珊——阿拉伯文明所抛弃的戏剧和喜剧。如同异教徒艺术一样，这种艺术被他们完全如同对待雕塑和某些油画一样而抛弃了。事实上，在'中世纪'的文明中，戏剧（尤其是喜剧）已遭'遗忘'。'中世纪'是在佛教的影响下放弃了这一切。中国的宋朝，尤其是15世纪的明朝则必须重创戏剧。在拉丁世界和南印度也采取了同样的做法。当时在世界的三极，在远离伊斯兰教直接影响的地方，存在着3个复兴中世纪大陆文明的中心。这就是'中国的娱乐活动在世界上是独具一格的'一句话的意义。"

羡林按： 这一段话很有意义，很值得重视。大多数研究中国文学史，特别是中国戏剧史的学者们，眼光往往囿于国内，对宋、元、明戏剧的复兴说不出令人信服的道理来。本书作者把这个问题放到世界范围内，来加以宏观的考察，使我们的眼界为之一扩。作者的说法也有欠周到的地方，比如他只提宋、明，而不提元，显然是不全面的。

页86，注（45）：

"波斯商人穆罕默德·吉拉尼老爷于15世纪下半叶在肃

州和威尼斯之间从事中国药品贸易，他为其顾客们准备有一本图解药品目录，从中可以看到普通中国人用药的情景。他对其意大利顾客说，在肃州附近有非常丰富的大黄，人们用它来喂家畜，还被作为'神香'在偶像前焚烧。檀香木（中国檀香木）、麝香、诃子、茶叶、姜黄（'印度红花'）等使肃州成了一个向西方出口的重要中心（卫匡国：《中国新舆全图》）。最后，我们还应补充说明，中国人把相当于我们所说的'阿拉伯数字称为肃州数字'。"

羡林按：这里提到中国药品传入西方的情况。其中值得注意的是大黄。我在上面讲到原书，页17和页20时，已经提到大黄，下面还将提到。另一点值得注意的是商人在肃州和意大利威尼斯之间做生意。下面我在"埃及制糖术"一节中还要谈这个问题。由此可见，马可波罗来中国，不是偶然的。

参阅本书，页299，注(6)关于中国医药的论述。

页121：

讲到中国针灸。

页124：

《大明律》代替了蒙古人的《大元圣政国朝典章》。"当时中国文化的中心处于中国南方，蒙古人的政权未能对那里实行全面统治。因此，'汉族法学家'（我们使用了契达伊的表达方式）也成功地恢复了先前的汉地法制。至于在伊斯兰教界，那里的文明中心在中亚而绝不是像大家经常错误地认为的那样在'阿拉伯世界'。一旦当伊利汗和其他'成吉思汗后裔们'彻底摧毁了这一中心之后，穆斯林法学家们复兴古'阿

中国文化的内涵

拉伯法'的企图彻底失败了。当我们在以比较的方式研究不同王朝的穆斯林法和中国法的时候，不应忘记'佛教法'和萨珊王朝的法，它们都曾是远东法和近东法之间的媒介。所以我们必会对所有这些法律之间存在的密切关系感到吃惊。事实上，尽管在中国法和'阿拉伯法'之间存在着宗教学和社会学方面的差异，但这两种均起源于'天'的法则更应该是相似的，仅与我们那完全是经验性的近代法律是对立的。"

羡林按：这一段话是很深刻的，用比较的方法来研究《大明律》，把中国法、佛教法和阿拉伯法加以对比，确定其相互间的关系；另一方面又把东方三法与西方法加以对比，一下子就扩大了我们的眼界。这对探讨东西文化之差异，也具有启发意义。我甚至想把它与东方传统的"天人合一"的思想联系起来。

参阅下面页129，页166，关于《大明律》的论述。

页127：

这里讲到16世纪奥斯曼人占领波斯首都，大肆劫掠。"赛利姆算端（按：即苏丹——羡林）则更是有过之而无不及，他也仿效帖木儿做出的榜样，如同对待'战俘'一样劫掠了所有具有科学才华的人，学者、艺术家、瓷器匠、青铜器匠、铸铁工、铁匠、画师、草药药剂师、化学家……"

羡林按：这一段记载很有趣。这立刻就让我们想到中国同大食的坦逻斯之战，中国战败，大食人虏走了中国的工匠。世界史上许多战争都有这种情况。连20世纪的二战也不例外，美国不是把德国的导弹专家"抢"去了吗？

页135—137：

《中国志》的导论中，历数全书20章的内容，讲到中国各方面的情况，其中不少是中国文化的优秀部分。读者可以自行阅读，我在这里不一一列举。

页139：

"他们的和尚和尼姑以及他们念咒语、练气功的方式。"

"他们的"指的是"中国人的"。下面页148—149对这句话加的注对中国的气功做了详细的解释。作者在这里写道："但中世纪熟悉苏菲派信徒们习惯的契达伊却未从中看到任何荒诞可笑的内容。据他认为，本元之气实际上与心理之气没有差异，它们二者都是一种换气的方式。其唯一的差距仅在于内气具有'肉体的'和'恶臭的'的特点，从其气味中便可以分别出来；而上气则是由'肺脏抛泄'出来的，具有一种'精神的'和'神奇的'的特点。"无论如何，总可以看出，中国的气功早就引起了国外人士的注意。研究这个问题的中国学者，不妨根据本书作者提出来的线索加以探讨，这要比眼光只限于中国要好得多。

页154—156：

作者用了三页长的篇幅对于火炮做了详尽的阐释，其中包括1257年蒙古大军围攻巴格达时使用过火炮。研究中国史以及火炮史的学者都应该参考这一个长注。

页199—215：

契达伊的《中国志》的第6章，内容讲明代皇帝的统治，从皇宫一直讲到政府组织。这对于中外学者研究明史会有很大的帮助。页215，《中国志》的作者说："如果中国人的帝国在如此之多的'千年纪'中安然无恙，而且还每年都在扩大，那么难道不是由于他们奉公守法吗？"这只能是作者一个人的臆断。封建王朝的皇帝和政府哪能谈到什么"奉公守法"呢？可是经作者这样理想化的解释，在国外产生点好影响，也不是不可能的。

页204：

《中国志》原文是："3扇主门的门扇都是用中国钢铸成的。"阿里·玛扎海里给"中国钢"写了一个注，见页222。"有关这些钢和铸铁，见笔者的论文：《刀击剑，论熔炉钢的中国起源》，载《经济、社会和文明年鉴》第4期，1958年。中国钢完全是熔铸的，完全如同我们的铸铁……波斯人从帕拉亚人时代起就已经从中国进口许多铸铁产品，尤其是长把平底铁锅和一般锅……此外中国铸铁工们的工艺可能是经伊朗而传入了西方，即与第一批大炮是同时传去的，始终是由于受威尼斯人（如果当时不是由热那亚人）诱惑的某一匠人的背叛而造成的后果。"由于篇幅关系，我的引文不能再长，请有兴趣者阅读原书。

此外，在《中国志》中还多次提到中国的铸铁。页294说："中国的铸工们用铸铁铸造了一座如同岗楼那样高的供像，但它内部是空心的。"阿里·玛扎海里又做了注释，见页296。注中说："但商旅们最早似乎也从中国向波斯出口非常豪华的铸铁器。"下面他讲到"中国的镜子""中国剃刀""中国剪刀"，还有马蹬，被波斯人称为"中国鞋"。

下面，页315，《中国志》又说到中国商品，绸缎以及马蹬、铠甲、剪刀、小刀、钢针等等用钢铁制成的东西。阿里·玛扎海里在注释里又讲到"中国的钢铁铠甲"，页322；讲到

"剪刀"，页324—325。页376，注（20）中，阿里·玛扎海里强调说："我们对于丝织物和钢刀的中国起源论坚信不疑。"

本书页435，"梅南德·普洛特科尔（6世纪）有关突厥人的几段记述"中说到突厥人要出售铁，"使人知道其国盛产铁"。这可能与中国也有关系。

我在上面从本书中征引了许多关于中国钢铁的记述。这当然还不够全。但对古代中国出产钢铁这个事实，已经足够了。

关于中国古代能生产优质钢而且输出这种钢，我早就注意到了。最初给我启发的不过是一个梵文字——cīnaja，是由两个字组成的，cīna，意思是"支那"，即中国；ja，意思是"生"。合起来意思就是"生于中国的"，真正的意思却是"钢"。可见中国产钢，在古代印度是著名的。我曾在拙著《中印文化交流史》谈到过这个问题。现在阿里·玛扎海里的《丝绸之路》又提供了这样多的宝贵资料。我对自己的说法更加坚信不疑。

页230，注（54）：

作者在这个注里讲到了中国的印刷术。他认为，《中国志》的作者契达伊间接地了解到了中国的印刷过程。

同页，注（57）：

作者讲到中国的矮桌子和常见的桌子，后者由伊利汗传入波斯，又由此地传入意大利。作者说："这次文艺复兴在许多方面都有求于中国：食物、衣着、室内陈设、印刷术、火炮等。完全如同它在文化和文学方面也有求于阿拉伯人和拜占庭人一样。"

页260—262，注（14—15）：

这里讲的是瓷器。中国瓷器原有两个传统品种：乳白色的和杏黄色的。但是，早在明代，这种古瓷就已停止生产，并开始制造"穆斯林"们的那种蓝色瓷。作者开列了几种西方研究中国古代瓷器的参考书。读者如有兴趣，可以找原书查找，我不一一列举。他在下面又详细讲了古代波斯在一些典礼上和丧仪上使用中国瓷器的情况。

页269，注（29）：

作者在这里注的是上面页253的"临清"，但是那里的注号是（30），作者显然是弄错了。

上面讲到临清出产瓷器，但是，我们都知道临清并不出产瓷器。这怎样解释呢？阿里·玛扎海里的解释是："契达伊把临清一名扩大运用到了大运河沿岸的整个地区。"他还认为，契达伊可能混淆了山东的临清和江西的龙津，龙津在鄱阳湖东南，距南昌不远。乾隆时代，中国瓷器制造中心是位于鄱阳湖东北的景德镇。

页299，注（6）：

这里讲的是中国医学。作者写道："我们仅仅讲一下中医在波斯所享有的威望。这种威望可以追溯到萨珊王朝时代，但是自13世纪中叶以来得到了复兴。我们还应提请大家注意，早在加利安和奥斯科里德身上就已经反映出了中国的影响。后来于12世纪又重新变成波斯医学的中世纪'阿拉伯医学'中便有半数以上充满了中国的药理学和临床的药剂及配方。15世纪所绘制的帖木儿王朝医学的5种图案、'血液小循环'的发现，最后是许多被认为是'阿拉伯人''意大利人'

或'新教徒们'的发明的许多问题归根结蒂都要追溯到中国医学。最奇怪的事实是，由伊利汗的中国医生们发现的血液流动论立即被苏菲派信徒们归于了他们的圣人，被什叶派信徒们归于了他们的医学博士，最后被新教徒们归于了他们自己的医生。同样，正如大家所知道的那样，基督教和伊斯兰教禁止解剖身体，而南宋人（公元10世纪，原文如此，应为11世纪）则在中国允许这样做。在伊利汗（当时尚为异教徒）统治下的波斯于13世纪中期，在帖必力思的医学院中，中国医生们传授并亲手进行解剖人体的活动。他们甚至还从事活体解剖，以便讲授血液的流通以及其他许多内容。蒙古人的许多犹太族医生也被准许与他们的汉族同事一道工作，所以在他们返回意大利之后便可以向正在酝酿中的文艺复兴运动传授医学的最新发展成果。"

这一段话实在太重要了，所以不觉就抄得多了一些。从中我们可以看出中国医学对西欧文艺复兴及其后的影响。中国医学和解剖术以及血液环流的理论之传入欧洲是经过波斯人和阿拉伯人的媒介的。要特别注意中国与意大利之间的文化交流。我在本文中几个地方都讲到中国与威尼斯和热内亚之间的贸易关系。我在前面本书页87，注（45）中已经讲到中国医药，请参考。

页299—301，注（7），前面页295：

这里讲的是天文。众所周知，世界古代天文学的互相影响是一个十分复杂而迄无定论的问题。世界上许多国家的天文史专家写的论文和专著，即使不能说是汗牛充栋，数量也极为可观。作者在这里旁征博引，涉及的问题多，文章太

长，无法征引，请读者自行参阅吧。我只提出一点，请读者
注意作者在页301提出来的"中国天文学的贡献实际上曾有
过大高潮"。

页302—303：

"中国和伊朗——伊斯兰世界的文化关系要比大家一般所
想象的那样重要得多。这种关系与'丝绸之路'一样古老，它
们缓慢地不但形成了西方文学的内容，同时也造就了其形
式，即波斯文学、阿拉伯文学，而且还有新拉丁文学、拉丁教
会文学，特别是行吟诗人文学……事实上，新拉丁文学由于
其内容和形式都要经过丝绸之路而追溯到中国文学……我们
仅仅希望指出这一点。此外，我们还想说明，在中世纪中期，
一名多少懂一点汉语的波斯普通商人是怎样把汉语中的一些
措辞、谚语、谜语，当然还有中国乐曲从北京带到了君士坦丁
堡在'中世纪'，中国文化从东向西缓慢地取代了希腊文化。
中国文化形成了我们文化的基础，我们那由文艺复兴造成的
新希腊文化仅仅是晚期的一层美丽外表。"（羡林按：这一段
话恐有排印错误。"君士坦丁堡"后面应该断句）

页308：

在这里作者引用了"纯粹的古典作家撒德"的一首诗，说
中国人40年制造一件瓷器，在波斯一天可造100件，"这样一
来，你就看到了两种瓷器的行情"。下面，作者接着写道：
"阿维森纳写道：'我在布哈拉萨曼人的皇家图书馆中发现了
一些任何人都从未见过的书。'这里只能是指由摩尼教徒们
译作的粟特文或波斯文的汉文文献……这就是为什么继萨珊
王朝的思想家们（阿尔法比尤斯、拉赛斯、阿维森纳）之后，

他们的弟子们不断地被迫将他们的'中国哲学'伪装上一种'亚里士多德的外表'，这正是'启示哲学'，也就是'被灯罩遮住的烛光'。"

页311：

作者首先写道："整个'中世纪'的伊斯兰文明的脊柱、脊髓、消化器官和动脉就是丝绸之路，即那条通向中国（即今天著名的'红色'中国）的大道。"下面他说到伊斯兰世界所急需的中国产品，"如用防腐剂处理尸体必不可缺的樟脑或麝香"。

页324—325：

"剪刀似乎是中国人的一种发明……我们看到中国在考古发掘中已得到了这种工具……对所有这一整批资料的研究都可以使我们坚信，裁缝的剪刀，简单地说也就是'裁剪术'在传入西方伊斯兰世界之前曾是一种中国技术。"

页345：

"最早到达中亚的穆斯林非常惊奇地在那里发现了风磨。阿拉伯人（也就是伊朗的拓殖区）在西西里和西班牙模仿了这种风磨，又从那里传到了弗兰德和其他拉丁地区。这种风磨也应追溯到一种中国的发明。"

页361：

"它（羡林按：指郁金香）实际上是一种国花，波斯植物学家们称之为'中国罂粟'……郁金香在15世纪末就很著名，并在帖木儿朝的京师赫拉特（哈烈）被广泛种植，它很可能是从那里被首次移植到伊斯坦布尔（似乎是在美男子苏莱曼时代），荷兰于那里发现了它并将之移植到自己的国家，被以一种突厥文名字 Tulpen 相称，我们由此而得出 Tulipe（郁金香）一名。"

羡林按：这是一段很有趣的说法。荷兰郁金香名满天下，由此而获得极大的经济效益，想不到竟是一种中国花。

页376：

"继萨珊王朝之后，费尔多西、赛利比和比鲁尼等人都把丝绸织物、铜、砂浆、泥浆的发现一股脑儿地归于耶摩和耶摩赛德。但我们对于绸织物和钢刀的中国起源论坚信不疑，对于诸如泥浆—水泥等其余问题，它们有99％的可能性也是起源于中国。我们这样一来就可以理解安息—萨珊—阿拉伯—土库曼语中一句话的重大意义：'希腊人只有一只眼睛，唯有中国人才有两只眼睛。'约萨法·巴尔巴罗于1471年和1474年在波斯就曾听到过这样的说法。他同时还听说过下面这样一句学问深奥的表达形式：'希腊人仅仅懂得理论，唯有中国人才拥有技术。'（吉希斯：《论有色人种较白人之优越性》）"

羡林按：上面这一段话十分重要，含义十分深刻。我将另文阐述。这里讲到了中国与希腊的区别，因此，我想对这个问题做一点补充，再抄一段本书前面页329讲到的中国与希腊对比的话。

"在伊斯兰教初期，还流传着有关中国人的另一种传说，'中国是雅弗的后裔'，他们创造了大部分专门艺术（艾敏－艾哈迈德·拉齐：《七大洲世界》，约为公元1617—1618年）。根据这种在17世纪时还可以解释一种事实真相的传说认为，中国在工艺和技术方面都较西方民族发达，是中国发明了大部分艺术。在当代的欧洲，大家还认为是希腊创造了所有的艺术，'希腊奇迹'是官方教育中所热衷的内容。在波斯，大家则持另一种观点。他们在承认希腊人于科学理论领域中无可争异（羡林按：应作'议'）的功德的同时，却发现他们在技术领域中完全无能。"

"由扎希兹转载的一种萨珊王朝时代的说法是：'希腊人除了理论之外从未创造过任何东西。他们未传授过任何艺术。中国人则相反。他们确实传授了所有工艺，但是他们确实没有任何科学理论（羡林按：原文作'论理'，似误）。'"

"其他人同样也介绍了下面另外一种说法，它无疑是起源于摩尼教，'除了以他们的两只眼睛观察一切的中国人和仅以一只眼睛观察的希腊人之外，其他的所有民族都是瞎子'。（扎希兹：《书简，论黑人较白人的优越性》）这些作者们认为，这种观察证明了中国人（如同'阿拉伯人'一样也属于有色人种）较希腊人、波斯人和'突厥人'（费尔干纳人，即锡尔河上游的塔吉克人）等民族（他们都是'白人'）的优越性。"

因为这些话实在很重要，所以多抄了一些。这对欧洲中心论者和言必称希腊者，无疑是一剂清凉药，能让脑筋清醒。这对实事求是地探讨和研究东西文化的差异者，也是极其重要的参考。这对真正想进行爱国主义教育者，也是一个极其有用的教材。这对想认真研究中国传统文化与现代化者，也是一个异常有意义的异常具有启发性的参照。

页379：

"从非常远古的时代至今，中国人就一直拥有持续不断的编年史和断代史，非常喜欢纪年和列传，而类似的做法仅仅是近几个世纪以来才在西方出现。'古代史'和'编年史'应该通过丝绸之路而追溯到中国的体裁。塔西佗、蒂特利夫、絮埃顿、厄赛卜、宗教史学家（亚美尼亚人、穆斯林、拜占庭人、克什米尔人、僧伽罗人和拉丁人）则都根据年代顺序而记载各位君主及其事实，他们都是中国人血缘遥远的弟子……在我们的'史学之父'希罗多德的著作中，既无时间，又无任何衡量已度过的时间之标准，而仅仅是一堆无年代顺序的辩词片断。它与司马迁的《后汉书》（误，应为《史记》——译者）该有多大差距啊！司马迁的书中充满了在我们20世纪仍值信赖的时间和传记。"

页424：

这里讲到中国蚕卵被一位波斯人藏在手杖的空心中带往拜占庭。

页441：

"据我认为，谷子和高粱是古代中国大陆上的农作物，经过丝绸之路先传至波斯，后传到罗马。"下面页519又讲到中国的谷子和水稻。

页442：

"随同谷子和高粱一起外传的还有中国人的'封建文化'和村社制度。"

页444：

"其中用佛教的、中国的和东伊朗（呼罗珊）的医学丰富了地中海人的医学。"

"总而言之，穆斯林中使用樟脑香脂的习惯肯定要通过祆教徒和其他民族而沿着丝绸之路追溯到中国人本身，中国人当时是世界上樟脑的最大生产者和消费者。"

关于中国医药西传的记载，上面页86和页299已经谈到过，请参考。下面页452和页455又谈到樟脑，也请参考。

页452：

这里讲到中国茶叶的西传。

页455：

"《智慧的乐园》是第一部典型的中世纪医学著作，因为它是中国、印度和希腊三种科学交叉的结果。"请参阅上面页444。

页463—486：

这里讲中国肉桂的西传。

页487—518：

这里讲到中国姜黄的西传。

页522—535：

中国麝香的西传。

页536—552：

中国大黄的西传。

中国文化对外国文化的贡献就讲到这里。

尽管看上去我在上面征引得已经相当详细了，但是，离开完备还有一段极长的距离。因为本书中谈到中国文化影响外国文化的地方太多了，太细了，完全征引几乎是不可能的，我的征引只能算是鼎尝一脔，我还是劝有兴趣者取阅原书。作者博闻强记，内容极其丰富，极有启发意义，阅读决不会失望的。

我在前面已经说到，作者引了许多细微的东西，我们过去从来没有注意到过。然而，正是这一些为我们所忽视的"细微的"东西具有极大的说服力。对我个人来说，读了书中的记载，眼前真似豁然开朗，真正感到中国文化，包括精神的和物质的两个方面，实在是太博大精深了，实在是太伟大了。我们的文化曾照亮了丝绸之路，曾照亮了欧亚大陆。这是我们的骄傲，这是我们的光荣。我们现在不是强调进行爱国主义教育吗?对中国青年来说(中年和老年也一样)这无疑是十分必要的。进行的方式，据我个人的看法，不外两途:一是讲道理，讲理论;一是摆事实。而后者的作用往往胜于前者。只要把事实一摆，道理自在其中，爱国之心就会油然而生。如果只讲理论，最容易流为空疏;空疏一过头，反而会产生相反的效果。我们平常讲的"事实胜于雄辩"，其实就是这个意思。

但是，我必须再强调一下。文化是多元产生的。世界文化是世界人民共同创造的。世界各民族，不论大小，都对人类文化做出了贡献，只是程度和性质不同而已。我说中国文化伟大，并不等于说其他民族的文化不伟大，这一点必须说清楚。

三、对研究中国历史有裨益的小资料

我在上面几次说到，此书资料丰富，可抄者极多。但总不能漫无止境地抄下去的。我现在仅把对研究中国历史有用的资料再抄一点，其余的就都免了，请读者自己在这一座宝山中去挖掘吧。即使是对研究中国历史的资料，也只能是有选择地抄一点，聊作示范而已。

"导论"页2—4:

这里讲了丝绸之路与海路盛衰消长的情况。"我们不要认为丝绸之路在18世纪是骤然间消失的，完全是因为葡萄牙人发现了海路。因为这两条路曾在长时间内相辅相成，它们甚至稍晚在18世纪期间尚互为补充……在促使古老的丝绸之路遭到遗弃的主要因素中，应提到近代技术工业的诞生和发展，这种工业以代用品取代了来自中国的传统产品。"下面作者举出了麝香、铜镜、铁铸火炉和饭锅、钢针、钳子、铁锉、火镰和几乎所有的小五金制品来做例子。

页8：

"在中世纪，也就是直到19世纪初叶，波斯语在奥斯曼帝国以及亚洲的其余地区尚扮演着一种英语在我们当今世界所具有的角色，即贸易和外交界以及稍后不久思想界的一种国际通用语言。"

页12—13：

讲到明朝的对外政策，进出中国都有类似海关的机构。中国官府严格要求进出口的关文，某些交易被严格禁止。中国商队都具有"使节"的官方特点。外国人同样也只能以使节身份进入中国。任何人都不能以普通商旅的身份越过中国的"关卡"。西域所有的王国都要进贡，每个王国原则上每年只有一次派遣使节的权力。有的使节带着"奇兽"，更像一个流动的杂技团。真正的商人跟随使节从事贸易活动。

页26：

朱元璋于1398年晏驾，发生了皇位继承问题。年迈的瘸子帖木儿想以成吉思汗和安拉的名义征服中国，征集20万大军，而永乐还被蒙在鼓里。

第一编，页53—61：

波斯使节沙哈鲁具体生动地记录了他朝见永乐皇帝的情况。天子上朝的情节、永乐的相貌、皇帝审问罪囚的情况、沙哈鲁同永乐谈话的细节、御宴的菜肴，以及音乐和杂技的表演，等等，都被一一绘形绘声地记录了下来。这些在中国史书中都是难以找到的，对于研究明史的学者会增加许多感性认识。

页62：

"皇帝自己出资修建了一座漂亮的清真寺以供北京的穆斯林使用。"这可能是一种怀柔政策。

页62—63：

描绘了处决犯人的场面，令人毛骨悚然。这样的史料，中国载籍中几乎难以找到。鲁迅先生在南明史料中找到了差堪与此媲美的资料。

页65：

"有人把所有来人都领进了新宫殿内。从契丹、中国中原、摩诃支那、卡尔梅克（蒙古）、吐蕃、哈密、哈剌和卓、女真（满洲）、海滨地带（渤海国）和其他未知名地区的四面八方涌来了10万人之众。有人把他们引进了新宫殿，皇帝在那里盛宴群臣。"

羡林按：这一段话颇为重要。地名中的"摩诃支那"，梵文是 Mahācīna，究竟指的是什么地方，学者们之间是有争议的。本书中还有几个地方提到它，我现在抄在下面。

页260：

"拉施特、贝纳凯蒂、阿穆利和瓦萨夫等人均写作：'蛮子是中国东南的一个城市，蒙古人称之为印度和摩诃支那或大中国，我们波斯湾的其他穆斯林则称之为大秦。杭州是该国的一个主要港口。'"

"Mahācīna（摩诃支那或大中国）也有可能仅仅是 Ming-chu／Menzu（明州）经梵文化之后的形式。但某些人却提议把它看作是 mènzè，即'蛮子'，这勉强可以使人接受，因为在该名称传播的时代，'南蛮子'获得汉地方化就有数世纪的光阴了。"

下面页450，又有关于这问题的一段话：

"被马立克·穆宰菲尔称为'小中国'的地方更难比定。它可能是出自印度语的一个名词，与'大中国'〔在印度文作 Mahācīna，在波斯文中作 Ma-Tchin（羡林按：应即是汉文'大秦'之对音），即摩诃支那〕相对。我记不起来是否曾在阿拉伯文献中遇到过其同义词 Al-Sin Al-Kubra，也记不起穆泰米德书中的 Al-Sin Al-Sughra 的波斯文对应词了。在拉施特史（蒙古人的历史）中，我们遇见了一个阿拉伯／波斯文短语 Sin-Kalān（大中国），它可能是印度文 Mahācīna（摩诃支那）的伊斯兰文形式。"

关于 Mahacina 的材料就抄这样多。我在这里不再进一步探讨这个问题。我相信，上面的材料对同行们是非常有用的。

页67：

描绘了中国人过新年的情景，也很生动。

页69：

记载了永乐对使臣的赏赐。

页79，注（15）：

在波斯文中称佛陀为 But。请参阅拙著：《浮屠与佛》。

页85，注(39)：

这里谈到中国的戏剧，极有参考价值。

页113—116：

在这里作者讲了明代中国宗教的情况。作者说："他（按：指赛义德·阿里-阿克伯·契达伊）提到了大明历代皇帝对穆斯林教徒们的好感以及他们个人希望皈依伊斯兰教的那种具有不同程度真实性的愿望。"下面他又说，甚至蒙古诸汗都曾认真地考虑过皈依伊斯兰教。他还讲到了伊斯兰教与萨满教、喇嘛教、佛教和儒教（这是原书的名称——羡林注）之间的竞争。他说喇嘛教是一种由伊斯兰教因素所丰富了的佛教，清王朝后来也皈依了该宗教。这些都是新颖而有趣的说法，值得我们进一步探讨。

页116：

正德皇帝(1506—1521年)登基时，契达伊已经离开中国相当久了。他定居在君士坦丁堡，一些来自北京的商人——使节向他详细叙述了正德皇帝是怎样刚刚经北京穆夫提之手而皈依了伊斯兰教。下面页157，契达伊又绘形绘色地描绘了皇帝(可汗)信仰伊斯兰教的情景。"可汗令人于其宫殿中绘制了人类最高领袖(穆罕默德)的画像。穆罕默德的画像完全以宝石镶嵌。"更下面一点，页162："总而言之，中国政府的习惯是各自信仰其宗教，而又不会表现出以不宽容的态度对待其邻居的信仰。但是，他们对伊斯兰教的偏爱胜过了其他所有宗教。"这些都是非常有趣而又重要的叙述，对于治明史的学者极为有用。上面页62，已经提到明成祖建清真寺的事情，也可以参阅。总之，我认为，明代皇帝对伊斯兰教有所偏爱，恐怕是一个事实。但是，这恐怕是出于一种策略。说正德皇帝皈依伊斯兰，颇难置信。我非明史专家，记下这些资料，仅供专家学者们参考而已。

页132：

《中国志》的"题献"中说，兀鲁伯算端派驯鹰人和护送狮子的人到中国来。明朝皇帝对鹰和狮子特别喜爱，本书中屡有记载。参阅下面页136，页154—155，页321，等等。

页135—136：

这里列出了《中国志》的章节，可参考。

页136：

西域贡品中有马。自古以来，西域的马就为中国皇帝所喜爱，本书中屡有记载。

页161：

"中国的法律是欢迎所有外来宗教团体的信徒，只要他们明确宣布承认中国皇帝为其君主。"这句话真说到了点子上。作者对这一句话作的注见页169：

"事实上，根据穆斯林教法（这是获得永久拯救的关键），穆斯林教徒们只有在中国皇帝本人也是穆斯林时才能成为他的'臣民'。因此，为了确保其穆斯林'臣民'们的忠诚，大明王朝曾试图以标准'算端国'自居。在举行穆斯林们的公开祈祷时，很可能是以'大明汗'的名义作呼图白（演讲，圣训）。当时曾流传说大明人是秘密信仰伊斯兰教的，那里有祭天的绿色教堂以及用阿拉伯文写成的载有《古兰经》主要章节的牌子。"

羡林按：这一段话非常重要，我在上面几个地方提到了大明皇帝同伊斯兰教的关系，初看似难以理解，现在就得到了理解的钥匙。我从此还联想到本书下面的几段话，因为有密切联系，我也一并在这里讲一讲。

页167：

"在蒙古人统治时代（1206—1370年），中国的穆斯林变得人数众多和力量强大了，并且在那里受到了所有人的爱护和尊重。明朝的创始人太祖对穆斯林教徒们重新实行了元代的政策。"

羡林按：这一段话也非常重要。明太祖的子孙们对穆斯林特别垂青，一方面是为了巩固统治，另一方面又为了继承先人的遗志和政策，这已经是非常清楚的了。

还有一个问题就是太监掌权的问题。这种现象在中国历史上屡见不鲜。但是自古已然，于明为烈。原因何在呢？本书中收入的契达伊的《中国志》对此有具体的记载，见本书页174—176，请参阅。但是，本书页176有几句话："中华帝国繁荣昌盛的另一种原因是存在着一些如同皇帝养子一般的太监。这些人大部分都是穆罕默德的信徒。"第一句话容易明白，第二句话就颇费解。赫赫有名的郑和就是回教徒。原来好像还没有人追究其原因，现在，如果把我在上面所说的情况联系起来，就可以恍然大悟，这看似偶然的事件，也是事出有因了。我因此想到，研究中国史，必须多读外国书。这意见恐怕是大家都能够同意的吧。

页162：

波斯人讲释迦牟尼和佛教，有一些颇为奇特的说法，很值得参考。

页169—170：

作者在这里讲儒教，也很有参考价值。他写道，注(21)：

"理学（新儒教）的创始人朱熹完全同圣·奥古斯丁一样，他也被认为是接受了摩尼教徒们神秘学说，其学说令人难解的一面及其非常宽宏的容忍精神即由此而来。孔夫子本人的施教就是一种不可知论和一种无神论。曾有人断言，忽必烈首先把理学变成了中国的一种信经和他希望成为其'哈里发'的一种教派。因此，取代了元帝国的大明皇帝继续为官方新教派的宗教首领，其官吏们形成了他的教士。所以，早在契达伊那个时代，理学就以其倚仗'先知'孔夫子名义的"哈里发"和广泛容忍外来信仰之双重特点而引起了外来人的注意。正是这种双重特点后来在清朝轮番地引起耶稣会士们及其对手——18世纪的'哲学家'们的好感。前者向它借鉴了由大清人传入的'禁书索引'，后者向它借鉴了一种广泛的宽容制度，甚至对外来宗教也无动于衷。"

羡林按：这些意见十分值得重视。研究中国思想史的学者，必须参考外国学者的看法。否则，思想方式总跳不出老框框，这对学术研究十分有害。

页187：

讲述明英宗的被俘。契达伊的叙述非常值得参考。

页199—215：

关于明代皇宫的描绘有参考价值。其中上朝仪式，更为具体、生动。页212—215的政府组织，也很具体。

页272：

这里讲到于阗和于阗人的古伊朗文名称，可以参考。

页281：

这里讲到妓女求雨。关于这个问题，我曾写过一篇论文《原始社会风俗残余——关于妓女祷雨的问题》，可参考。证之以文中讲的阿里·阿克巴尔的《中国纪行》，契达伊在这里的说法是完全可信的。

页291：

"在2000多年中，白银曾是唯一的国际货币。因为在这一漫长的时代中，世界上唯一的'工业国'中国出售它那颇受'西方'重视的产品时完全索要金属银。"请注意两件事：一、当时黄金不是国际货币；二、中国曾是世界上唯一的工业国。

页381—383：

讲到纳迪尔王（沙）和乾隆在中亚的较量，值得参考。下面页410，有乾隆送给纳迪尔沙的礼品单，极有趣。

资料就抄到这里。

这方面的资料，比起中国文化对外国文化的贡献的资料来，数量还要多，头绪还要复杂，完全抄录几乎是不可能的。没有办法，我只能劝有兴趣者去阅读原书了。

在结束本节之前，我还想补充一点我认为非补充不行的史料。我在上文中多次提到中国产的大黄（参阅原书页9、页20、页119、页251、页499、页536、页549），我曾提到大黄能医马病，现在我补一点大黄能治人病的叙述。元陶宗仪《辍耕录》，卷二，"大黄愈疾"：

> 丙戌冬十一月，耶律文正王从太祖下灵武。诸
> 将争掠子女玉帛，王独取书籍数部、大黄两驼而已。
> 既而军中病疫，惟得大黄可愈，所活几万人。吁！
> 廉而不贪，此固清慎者能之。若其先见之明，则非
> 人之所可及者。

可见大黄能治瘟疫。

四、埃及制糖术

这可以说是本文的主题。写了将近两万字，到现在才写到主题，不是很有点"博士卖驴"的意味了吗?这有两个原因：一个是，所谓主题是对我正在撰写的《糖史》而言的，并不意味着其他的东西都不重要。第二个原因是，本书中的珠宝实在太多，即想少拣，也是欲罢不能，只能把文章拖长，势不得已耳。

我的《糖史》第一编第七章是：《元代的甘蔗种植和沙糖制造》。其中我提到了名闻世界的《马可波罗游记》。马可波罗是意大利威尼斯人，在中国任官17年，深得元世祖的信任。引起我的兴趣的是《游记》中关于福建产糖的记载。我抄一段冯承钧译本的文字：

> 自建宁府出发，行三日，沿途常见有环墙之城
> 村，居民是偶像教徒，饶有丝，商业贸盛，抵温敢
> （Unguem）城。此城制糖甚多，运至汗八里城，以

充上供。温敢城未降顺大汗前，其居民不知制糖，仅知煮浆，冷后成黑渣。降顺大汗以后，时朝中有巴比伦（Babylonie，指埃及）地方之人。大汗遣之至此城，授民以制糖术，用一种树灰制造。

在上面这一段引文中，学者们之间有一些争论的问题，首先是温敢指的究竟是什么地方？这个问题与我要讨论的主题关系不大，可以略而不论。

最重要的是关于巴比伦的一句话。我翻阅了《马可波罗游记》的一个权威的本子：A. C. Moule 和 Paul Pelliot（伯希和）的 Marco Polo, *The. Description of the World*, George Routledge, London 1938。共两册，第一册是英译文，第二册是在 Toledo 发现的拉丁文本。这个本子中有关巴比伦的记载是这样的：

在三日行程之后，又走了 15 哩（相当于今天的 24.14 千米），来到一座城镇，名字叫 Vuguen（武干），这里制造极大量的糖。大汗宫廷中所食的糖皆取自此城，糖极多，所值的钱财是没法说的。但是，你应当知道，在被大汗征服以前，这里的人不知道怎样把糖整治精炼得像巴比伦（Babilonie）各部所炼得那样既精且美。他们不惯于使糖凝固粘连在一起，形成面包状的糖块。他们是把它拿来煮，撇去浮沫。它在冷却以后，成为糊状，颜色是黑的。但是，当它臣属于大汗之后，巴比伦地区的人来到了朝廷上，这些人来到这些地方，教他们用某一些树

的灰来精炼糖。（这是我的译文，原文见 Moule。伯希和本 155，p. 347）

其他与《马可波罗游记》有关的段落，就不抄录了，请读者参阅我那一篇论文。

对我来说，最重要的问题是：巴比伦（Babylonie，Bobilonie）究竟指的是什么地方。上面抄录的冯承钧译文："指埃及。"而 Marsden 的本子则说："'巴比伦'应该理解为巴格达城，这里技艺繁荣，虽然是处在蒙古鞑靼人统治之下。"（见 Willam Marsden，*The Travels of Marco Polo*，London 1918，页557，注1104）

把上面抄录的和论述的归纳起来，我个人认为，有几个问题，虽极重要，但却模糊，必须进一步澄清。这些问题是：

（一）马可波罗是一个远距中国万里之外的意大利威尼斯人，他为什么到中国来了呢？

（二）"巴比伦"究竟是指埃及呢，还是指巴格达（伊拉克）？在中国制糖史上，阿拉伯制糖术的传入，标志着一个新阶段，是一件大事，必须弄清楚的。

（三）阿拉伯国家的制糖术是怎样传到中国来的？通过什么渠道？是海路呢，还是陆路？

这些显然都是重要的问题，解决不了，我始终耿耿于怀，心里很不踏实。

我可是万万没有想到，解决问题的关键，远在天边，近在眼前，它就在我偶尔读到的阿里·玛扎海里的《丝绸之路》中。

我还是先抄一些有关的资料。只要讲到糖的地方，我尽可能都抄下来：

页25：

"我们通过书末所附的索引而将看到具有滋补强壮作用的人参或糖。"

请注意"滋补强壮作用"这一个词儿，糖好像是也包括在里面了。

页59：

永乐时代，招待外国使臣的伙食中有"突厥果仁糖"。

页82：

蒙古人和突厥人有一种朗姆酒，"用蜂蜜或甘蔗尖梢酿成"。

页82—83：

"克什米尔所拥有的全部褐色糖都用于酿制其酒（克什米尔酒）。在该算端执政年间，于那里再也找不到棕色糖了。棕色糖与可以廉价得到的白糖、粗红糖和精炼糖不同。"（巴黎国立图书馆新增波斯文藏卷第245号，第202页）

页83：

埃及的麦木鲁克王朝（奴隶王朝）的人每次在可能的情况下也都使用丝绸之路，而不是海路。哈烈的赛义菲（《哈烈史》）指出了阿富汗北部的山地人于10世纪中叶（而且这是一个非常混乱的时代）抢劫经大夏前往中国的埃及商队的事实，这些骆驼队满载麻织品和糖。他指出，古里斯坦的山人"很久"就没有任何东西可吃了，也没可能穿的东西，只好咀嚼冰糖和穿麻织细纱"绑腿布"。

页86：

波斯商人在15世纪下半叶在肃州和威尼斯之间从事中国药品贸易。引文已见上面二中，这里不再具引，请参阅。

页180—181：

"阿维森纳曾建议用赫卡尼亚的枣子入药，'与糖'同时服用（枣饯），如同中国人的'蜜枣'一般。枣子的最佳品种是'无核枣'，生长在中国北方，如山东的乐陵……在中国，北方地区及其多毛细孔的碱性黄土和毛毛细雨的寒冬气候肯定为枣子的发源地。大枣沿丝绸之路而大量传到那里。蜜枣在中国流传之广就如同葡萄干在伊朗和安纳托利亚或耶（按：应作'椰'——羡林）枣在阿拉伯人中一样。中国人把枣子放在糖水中煮熟再于空气中凉（似应作'晾'——羡林）干之后，又用蜜来渍枣（蜜枣），再第二次风干（参阅《中国百科全书》）。大枣正是以这种形式进入他们食物中的。"

页257—258：

在对前面页251原文"甘州"的注［注（3）］中，作者写道："在15世纪下半叶，对该城（指甘州——羡林）的最佳记述是由波斯商人火者·穆罕默德·吉拉尼所作。此人在甘州和威尼斯之间经商（裕尔：《东域纪程丛录》，第一卷，第218—219页）。"

页259—260：

在对前面页251原文"讨来思"的注［注（12）］中，作者写道："我们还掌握有一名威尼斯商人于1511—1520年间留下的对该城的记述（《波斯经商纪》，哈克鲁特学会1873年版，第166—172页和182页）以及由于1436—1471年和1478年间参观过该城的其他威尼斯人留下的记述（同上引书）。"下面作者接着写道："贴（帖）必力思的贸易特别吸引人，因为威尼斯人前往那里用伦巴第和西方其余地方的产品交换中国的，甚至印度的产品，这尚且不说在帖木儿王朝中亚及波斯卡香和耶兹德等地制造的绸缎、绒布与其他织物。威尼斯人输往贴（帖）必力思的主要是银钱……总之，贴（帖）必力思当时是位于威尼斯和中国之间的一座最宏伟、最庞大的商业最发达的城市，无疑也是伊斯兰世界最为光辉灿烂的城市。对于'古开罗'一名，我们应理解作'穆斯林们的大都市'，并不一定是指埃及首都。从前也是根据同一意义（现在尚这样讲）'最大的都市'萨拔特（Sawâd，即 Sabât 大都市萨拔特）在指萨珊人的京师（泰息丰—塞流西亚，绥芬和拜特—赛鲁基）之后，接着又指黑衣大食人的缚达（巴格达），我们可以理解作指任何一个大京师。"

页275—276，注（41）：

这是上面页256—257的一个注。原文是："中华帝国12个布政司中的第12个位于大地尽头和远东大海之滨，它包括广西和广东这两大地区……该布政司出产的主要产品是糖。那里的甘蔗相当好。那里1赛儿（29.16克）白糖能出售5种不同的价钱，即3个第拉姆的白银（14.58克或8.748克）。这一布政司是绝对的热带雨季区（即热带地区）。"阿里·玛扎海里的注是：

"马可波罗（韩百诗版本，第219页和第223—225页）观察到：'蛮子地区占有为世界其余地区两倍的糖。'契达伊也声称他吃过的糖出自福建（其省府在福州，位于面对台湾的海岸上）。

"在蒙古人征服之前，汉人就会煮甘蔗汁，打去其泡沫之后便使之冷却，这样就获得了一种黑面团似的东西。这是一种'古老的方法'，该阶段已被'阿拉伯人'的技术所超越，以至于苏西亚那（苏斯特）的'阿拉伯人'向他们传授澄清这种糖并使之成为面包状的技术，这就是说使用某些他们懂得其碱性特征植物的灰烬来净化。

"糖（阿拉伯文作 At-Sukker，我们的 Sucre 即由此而来）在波斯文中（Shêker）指甘蔗及其汁液。从甘蔗中榨出的汁液在波斯文中叫作'经过净化的干（甘）蔗汁'（在阿拉伯文叫作 Al-sukkar Al-mukarrar，阿拉伯文歪曲了这一词组而从中得出了 Askar Mukarram）。

"在波斯，大家把'白糖'称作 Shèker-isēfid（法文中 Cand，冰糖），把圆锥形的糖块（粗红糖）称为 Ablug（我们所说的 Cassonade，该词可以翻译波斯文 Kassa-nahât）。在马可波罗时代，中国人经过福州和泉州而接受'阿拉伯糖'。在15世纪的契达伊时代，这种贸易掌握在苏门答腊人手中。

"在18世纪时，欧洲商人在印度斯坦采购两种糖，即'粗红糖'（阿拉伯文中作 Al-sukkar Al-tabarzad；在波斯文中作 Shēker tēpērzèd，它仍是萨珊王朝人的一个术语）和冰糖（阿拉伯文中作 Al-Caud，来自波斯文 Khayendi）。这两种产品均出自一种萨珊王朝的技术，在贡迪萨布尔完成，后文（疑当作

'来'——羡林)传入苏萨，最后在为逃避蒙古人而出走的波斯工匠们的帮助下传到了古开罗。

"在1300年左右，这批工匠中的一些人又被请回波斯自由地工作。伊利汗哥疾宁曾鼓励其中的某些人应忽必烈的邀请前往中国，以便在那里传授他们先祖的方法（巴黎国立图书馆波斯文特藏1059号，第76页正面和背面）。

"总而言之，虽然'糖'一词起源于印度（如同甘蔗一样），但制造纯白糖或冰糖的方法相反却起源于萨珊王朝。在这一问题上，波斯人先向阿拉伯人，后来又向中国人（14世纪）传授这些技术之后，最后又于16世纪传给了印度人。"

页515：

"中国人为此而剥去姜块的皮，将它投入浓稠的糖浆中，然后再放在日光下曝晒。"

羡林按：这一段资料并不重要，也与我要讨论的问题无关，但为了完整起见，我也把它抄在这里。

资料就抄到这里。

不用过多的解释，仅仅从上面抄录的资料中就能够看出，停留在我脑海里的那三个问题，统统都得到了比较满意的解答。先说第一个问题：为什么威尼斯的马可波罗会到中国来？从资料中可以看出，丝绸之路的西端的重要城市之一是威尼斯，而东端则是中国，至于中国的哪一个城市，有人说是西安，有人说是洛阳；最近又有人提出，应该是山东，因为当时山东盛产丝绸。对于这些意见，因为与本题无关，我在这里不去讨论。不管怎样，在中国境内，肃州是一个重镇。本书中屡屡提到。至于本书中讲到威尼斯的地方，除了上面征引的以外，还有多处。因此，许多威尼斯人通过丝绸之路这一条大动脉，不远万里，来到中国，其中主要是商人，他们来中国是为了做生意，其他的人间或也有。马可波罗一家几代，都来到了中国，也就丝毫没有什么可怪之处了。从资料中还可以看到，雄踞丝绸之路中间的波斯人，在东西贸易活动中起着重要的作用，下一节中还要谈到。

现在谈第二个问题："巴比伦"究竟指的是什么地方？过去研究这个问题的学者们的眼光囿于开罗与巴格达，非此即彼，没有能跳出这个界限。我自己也一样。读了上面征引的页259—260的论述，我似乎有点豁然开朗。作者说："对于'古开罗'一名，我们应理解作'穆斯林们的大都市'，并不一定是指埃及首都。"很有可能，"巴比伦"也同"古开罗"一样，不一定是指某一个具体的地方，而是指"穆斯林们的大都市"，它既指埃及首都开罗，也指伊拉克首都巴格达，这两个地方都处在阿拉伯世界中。如果我这个猜想能成立的话，这一个开罗和巴格达的矛盾也就可以说是解决了。

上面征引的页275—276的论述说："在1300年左右，这批工匠中的一些人又被请回波斯自由地工作。伊利汗哥疾宁曾鼓励其中的某些人应忽必烈的邀请前往中国，以便在那里传授他们先祖的方法。"这个事实同《马可波罗游记》中所讲的完全能对得上，两者都是可靠的。在中国古籍中也能够找到旁证。元杨瑀的《山居新话》（四卷，北大图书馆善本部藏有手抄本）卷之一有一段话：

李朵儿只左丞，至元间为处州路总管。本处所
　　产获蔗，每岁供给杭州砂糖局煎熬之用。糖官皆主
　　鹘回回富商也。需索不一，为害滋甚。李公一日遣
　　人来杭果木铺买砂糖十斤，取其铺单，因计其价，
　　比之官费有数十倍之远，遂呈省革罢之。

这同马可波罗讲的有些差异。这里讲的是杭州，马可波罗讲
的是福州。这里讲的是"糖官"，马可波罗讲的是"授民以制
糖术"，二者好像难以统一。但是，我认为，最重要的是两处
讲的都是穆斯林(回族)。是不是"授民以制糖术"者就成了
"糖官"?这个可能性是相当大的，否则，为什么偏让回族人
来当"糖官"呢?无论怎样，杨瑀的这一段话完全可以作为上
面谈到的大汗派埃及人或巴格达人到福州来教民制糖这一件
事情的佐证，道理是讲得通的。

　　最后谈第三个问题：阿拉伯国家的制糖术是怎样传到中
国来的?海路还是陆路?为什么会提出这个问题呢?在很长的历
史时期内，阿拉伯人到中国来大都走海路，因为这最方便。这
种情况，唐代已然，明又加甚。可是，根据上面所引的资料，
制糖术传入中国却是经过陆路。原因资料中已经说得非常清
楚，不烦烦缕。至于波斯人在其中所起的作用，下一节再谈，
这里就不啰唆了。

　　我只想对阿里·玛扎海里的论述做一点不太重要的补
充。"糖"这个字在阿拉伯文和波斯文中，在近代欧亚一些语

言中的形式，都来源于一个梵文字śarkarā。至于阿拉伯文中的Cand 和波斯文中近似的形式，近代欧洲语言中的 Candy（英文），Kandis（德文），Candi（法文）等等，都来自一个梵文字Khaṇḍaka，意思是"冰糖"。

五、波斯制糖术

在上一节"埃及制糖术"中，波斯制糖术实际上已经涉及了。现在我做一点归纳工作，再补充一些资料和论述。

我个人认为，其中有必然的联系。

在从西端的威尼斯到东端的中国，主要是肃州和甘州的迢迢万里的丝绸之路上，波斯人在做生意方面起着举足轻重的作用。他们既能在全路进行贸易活动，又能在中间传递或者转运。我在上面曾经提到，全路的通行语言是波斯语，这一件事就能充分说明波斯人的重要性，没有他们参加，丝路的贸易活动简直是无法想象的。

专就制糖技术而论，把上面的资料归纳一下，可以列出下面一个表：

制糖技术源自波斯，主要是贡迪萨布尔→逃避蒙古人的波斯工匠把它带至开罗→又从开罗或巴格达（巴比伦）传至中国。

把这个表简单化一下，就成了：

波斯→开罗（巴比伦）→中国

由此可见波斯制糖术的重要意义。但估计阿拉伯人一方面利用波斯工匠，一方面也自己发展和创新。

阿拉伯人制造的是什么样的糖呢？我现在不敢肯定地回答，因为书缺有间。但是，从上面四中引的页83的那一条资料来看，很可能是冰糖。因为阿富汗北部的山地人抢劫经大夏前往中国的商队的骆驼队携带的是冰糖。当然，这并不能证明，除了冰糖外，他们什么别的糖都不制造。

是冰糖又有什么意义呢？宋代王灼《糖霜谱》讲到唐大历间（766—780年）有一个邹和尚来到四川遂宁，教人民制糖霜（一名"糖冰"，就是冰糖）。邹和尚这个人迷离恍惚，不像是一个真人。我曾写过一篇论文《邹和尚与波斯》（发表于深圳大学国学研究所《中国文化与中国哲学》，1991年），在文中我提出了一个"大胆的假设"：邹和尚是波斯制糖术，具体地说就是制冰糖术传入中国四川的象征。文章很长，不具引，请有兴趣者自己参考。现在，在玛扎海里的著作里又找到了冰糖的踪迹。难道这仅仅是偶然的巧合吗？我个人认为，其中有必然的联系。

还有一个问题，我想在这里也谈一谈，这就是：波斯人制糖（糖霜和石蜜）始于何时？德国学者 Lippmann 在他的名著《糖史》（*Geschichte des zuckers seit den Ältesten Zeiten bis zum Beginn der Rüiben-Zucker-Fabrikation*，Berlin 1929）中提出了一个说法：5世纪末波斯人还不知道甘蔗。连甘蔗都不知道，当然更谈不到制糖了，这个说法是有问题的。我曾写过一篇论文：《西极（国）石蜜》，是我的《糖史》中第二编，第六章（一），顺便补一句：上面提到的《邹和尚与波斯》是同书、同章的(二)。在这篇文章中，我讲到后汉、三国时期一些作家文章中使用的一个词儿"西极(国)石蜜"，比如张衡的《七辩》、刘劭《七华》、傅巽《七诲》、魏文帝《与朝臣诏》等等。据我的考证，"西国"或者"西极"指的只能是波斯。"波斯"这个名，欧洲早就有，中国则大约是始于《魏书》，汉代叫作"安息"。三国时的许多姓"安"的人，都来自安息。总之，波斯这地方制糖已有很长的历史。如果说5世纪末波斯人还不知道甘蔗，则上述的历史事实就无法解释。印度种蔗制糖早于波斯，这一点恐怕是可以肯定。是否印度就是甘蔗的原生地，那是另一个问题，不在我们现在讨论范围以内了。

1994 年 4 月 19 日

雅文化与俗文化 *

在中国，在文学艺术，包括音乐、绘画、书法、舞蹈、歌唱等等方面，甚至在衣、食、住、行，园林布置，居室装修，言谈举止，应对进退等方面，都有所谓雅俗之分。

什么叫"雅"？什么叫"俗"？大家一听就明白，但可惜的是，一问就糊涂。用简明扼要的语句，来说明二者间的差别，还真不容易。我想借用当今国际上流行的模糊学的概念，说雅俗之间的界限是十分模糊的，往往是你中有我，我中有你，决非楚河汉界，畛域分明。

说雅说俗，好像隐含着一种评价。雅，好像是高一等的，所谓"阳春白雪"者就是；俗，好像是低一等的，所谓"下里巴人"者就是。然而高一等的"国中属而和者不过数十人"，而低一等的"国中属而和者数千人"。究竟是谁高谁低呢？评价用什么来做标准呢？

目前，我国的文学界和艺术界正在起劲地张扬严肃文学、严肃音乐和歌唱，而对它们的对立面俗文学、流行音乐与歌唱则不免有点贬义。这种努力是未可厚非的，是有其意义

---

　　* 本文是作者为《雅俗文化书系》写的序。

的。俗文学、流行的音乐和歌唱中确实有一些内容不健康的东西。但是其中也确实有一些能对读者和听者提供美的享受的东西，不能一笔抹杀，一棍子打死。

我个人认为，不管是严肃的文学和音乐歌唱，还是俗文学、流行音乐和歌唱，所谓雅与俗都只是手段，而不是目的。其目的只能是：能在美的享受中，在潜移默化中提高人们的精神境界，净化人们的心灵，健全人们的心理素质，促使人们向前看、向上看、向未来看，让人们热爱祖国、热爱社会主义、热爱人类，愿意为实现人类的大同之域的理想而尽上自己的力量。

1994 年 6 月 22 日

对国学研究的几点看法[*]

祝贺《国学研究》第二期出版。

想谈几点意见：第一，前不久接到吴江同志的信，附有他在上海《文汇报》上发表的关于国学问题的文章。接着我就接到了上海《文汇报》直接给我的信，要求我参加国学问题的讨论。我都还没有答复。如果答复的话，我就会说，我不参加讨论，也不赞成讨论。像国学这样的题目，难以讨论。想给国学下个定义，永远也不会有结果，永远也不会有大家都同意的定义。社会科学同自然科学不一样，定义很难下。与其在下定义上下功夫，莫如切切实实地读一些书，切切实实地思考一些问题。根据自己的认识去钻研，去探讨，有了心得，就成文成书。这比争定义、说空话要好得多。

第二，学术与政治的关系问题。这是一个老掉牙的问题。我们过去讨论了几十年，有人也吃过苦头，现在不必谈了。但是，最近几年来，我逐渐觉悟到，二者之间实有密切的联系。我举一个具体的例子。对于王梵志的诗，中外敦煌学研究者颇不乏人。个别的中国学者研究成果发表后，外国一个国家的学者很不满意，准备组织班子，汇集文章，大张旗鼓地加以

---

* 本文是作者为《国学研究》第二期写的祝词。

批评或者批判。后来项楚先生的《王梵志诗校注》及时出版了。那个国家的学者一经读到，大为叹服，于是宣布解散班子，停止批判。如果项书不出，批判的结果一发表，不怀好意者就会立即同中华人民共和国挂上钩。这样一来，一个学术问题立即变成政治问题。因此，在今天世界上，学术实在脱不开政治。我们时刻想到这一点，会促使我们更加努力，更加小心翼翼。不管我们研究的是国学的哪一个部门，我们都必须认识到学术与爱国主义的关系，决不能掉以轻心。

第三，关于21世纪将是东方文化占统治地位的世纪。国外也有一些有识之士有这样的主张。我在最近几年来写过长长短短的几篇文章，宣扬这种看法，特别是东方文化中"天人合一"的思想，我认为是中国对人类杰出的贡献。在香山饭店的一次国际学术研讨会上，我做过一个很短的发言，题目就是："只有东方文化能拯救人类。"我对此点深信不疑。但是，这是一个极大的题目，而且涉及未来的21世纪。原来我也同别人争辩过。现在我的做法变了。我想到中国过去有一个近视眼猜匾上的字的笑话。一个近视眼说，匾上是什么什么字。但是此时匾还没挂出来。21世纪就是一个还没有挂出来的匾，匾上的字是什么，谁也说不准。如果有人愿意猜，那是可以的，每个人都有这个权利。但是不必争辩，争辩是徒劳的。我们最好学一学京剧《三岔口》，每个人要自己的枪刀，但谁也碰不着谁。

1994 年 8 月 23 日

建议重写《中国通史》

中国是文化古国和大国，又是历史大国。我们的历史在教育全国人民，特别是青少年方面，起着重要的作用。

几十年以前，中国的史学大师郭沫若、范文澜、翦伯赞等等，都编撰过中国通史，尽管名称不同，其为中国通史则一也。这些大师以马克思主义为指导，详尽地搜集资料，学风谨严、立论有据。他们对中国通史的研究成绩，远迈前古。在中国和世界，都获得了同声的赞扬，起过很大的影响。这一点，我们后人决不会忘记的。

但是，沧海桑田，时移势迁，到了今天，这些著作，都在某一些方面，显得过时了，不能适应今天的情况了。

首先是考古发掘工作日新月异。几乎每一个重大的考古发现，都能改变我们对中国古代史的认识。过去我们常说"五千年中华文明"，现在看来，不行了。有人说六千年，甚至说七千年。总之，中国历史的时间上限没法封顶了。在地域方面，也有同样的情况。过去，大家几乎都认为，中华文化源于北方的黄河流域。但是，最近若干年以来的考古发掘工作却证明了，南方的吴、越、楚等地，甚至僻远如云南，也都有高度发达的文明。这样一来，中华文化发展一元观难以自圆其说，而必须承认中华文化发展的多元观。

其次，我最近忽然有了一个顿悟：中华传统优秀文化内容之一是爱国主义传统。说中国人天生就爱国，这是唯心主义。存在决定意识，中国人的爱国主义是"存在"，也就是历史环境所决定的。我认为，爱国主义有两种：被侵略、被压迫者的爱国主义是正义的爱国主义，是真正的爱国主义。侵略者、压迫者的爱国主义是邪恶的爱国主义，是假冒伪劣的爱国主义。二者泾渭分明，切不可混淆。中国的爱国主义基本上属于前者。汉代的苏武，宋代的岳飞、文天祥、陆游，明代的史可法等等，都可以这样解释。对于清代的林则徐、邓世昌等等，更应当这样来看待了。

西方国家不能说没有爱国主义，不能说没有真正的爱国主义，像法国的短篇小说《最后一课》，就是爱国主义的杰作。但是，西方国家立国的时间短，找不出像中国的岳飞、文天祥等这样闪闪发光的爱国者，这是历史所决定的，无法改变。到了后来，法西斯的爱国主义是假冒伪劣之尤者，只能令人耻笑了。

总之，我认为，爱国主义应当成为《中国通史》主要内容之一。

此外，上述诸大师的中国通史不能不打上时代的烙印，换句话说，也就是"以论带史"的印记。不管这个烙印多么轻微，恐怕总会是有一点的。

根据上面我说的理由——其他理由还可以举出一些来，没有必要再举了——我建议，有关单位，比如说中国社会科学院历史所，或《历史研究》编辑部，出面组织力量，重新撰写一部能适应今天情况的《中国通史》。

1994 年 10 月 23 日

中国文化的内涵

东方文化复兴与
中国文化理论重建

——与林在勇的谈话

林在勇：先生近年发表了一系列精彩的见解，认为东方
文化这一自成格局的文化价值体系，作为与西方文化并行的
人类文明的两大成就之一，将在未来世纪发挥日益重要甚至
是主导的作用。对于先生所指示的文化前景，我个人是心向
往之。但是，在目下这个一切都最好"与国际接轨"一下子开
过去的心态下，先生的说法自然就引起不小的争议，这种争
议也和20世纪前期的争议差不多，理性的讨论因其本不可能
达成共识也就无所谓理性的讨论，大多流于既定立场的情
绪化。

季羡林：这个问题三言两语讲不清楚，重复起来讲一天
一夜也说不尽，而着重讲几句重点其实也没有意义。东西文
化的大问题，本不是我专门搞的，胡思乱想而已，不过自己越
想越有道理。我写了这方面的文章后，外面也有反应。赞成者
有之，反对的也有，我一概不管。当然这些文章我也都看，所
提意见正确我就吸收，反对得莫名其妙我也不辩论。因为我

认为，东方文化复兴的问题不是理论问题，理论可以辩论，而这是个预言。将来21世纪，历史要来证明我的意见对不对。你现在说我不对，也没有根据，说我对也没有根据。将来的历史会证明的。理论问题可以争，而这用不着争。你说你的，我说我的，我就是这么个态度，外面文章我都拜读，也都一概置之不理。日本人赞成我的居多。

林在勇： 也许是因为日本人属于东方民族的缘故吧。

季羡林： 我们中国人不也是东方人吗?

林在勇： 先生的反问太好了!我刚才这句话错在轻易放过了民族自尊心、民族自信心的问题。日本现在敢对美国说"不"，它的巨大实力使它在东方文化复兴问题上也充满自信。而我们中国人正处在一个很怪的阶段，好像一切非得唯西唯洋不可。

季羡林： 你这话说得正确。现在这风气，崇洋媚外到顶了，不能再高了，要回头了。物极必反，这是我的看法。崇洋媚外的原因并不复杂，也不能归咎于改革开放。改革开放很必要，我们的经济毕竟发展了，当然也带来一些弊病，但那是另一回事。天底下从来没有十全十美的事情。现在的崇洋媚外之风不能说完全是改革开放带来的，有人这样说，我认为不对。

林在勇： "崇洋媚外"这个词听起来不顺耳，其实自海通以来它一直是我们全民性情绪焦灼的一种概括，或明或暗，或隐或显。"假洋鬼子"的文明棍和阿Q的心虚，当然就是例子;仇视中医中药和从传统古籍里只看出"吃人"二字，也不能说不是例子。何况细想来，这百多年来从脚下的鞋子到头上的指导思想，有哪样不说外来的好？

季羡林：我看，当年最批判崇洋媚外的人，本身就是崇洋媚外的老祖师。江青批判崇洋很厉害，而她自己骨子里面最崇洋媚外。还有一帮人，不止江青。所以这崇洋媚外不能怪年轻人，像我们这些搞教学、研究工作的老年人，其实应负责任。当然，也不是负全责，年轻人本身也要找内因。比较而言，我们这些人责任还有限，比我们有权力的人更应对民族文化的未来负责任。近期北大有个会，让我们开列书目，把传统文化中真正精华的部分介绍给大学生。你们华东师大我去过两次，是个很不错的学校，特别是中文系。恐怕你们对学生做工作碰到的困难和北大差不多。

林在勇：您的说法很有意思，似乎好学校好学生更容易情绪化地排斥传统文化。我觉得最大的问题在于，年轻人其实对传统文化、东方文化一知半解，甚至等于一无所知。过去的教育乱批"传统"，批得一团漆黑，时下忽又"热炒"某些"糟粕"，有思想的青年人势必由此生出种种误解来，很轻易就把传统文化否定了。

季羡林：中国的传统文化，进而言之，东方的文化，是与西方文化并行的两大体系之一，她对人类过去和将来的意义，现在还没有被充分地估价。

林在勇：我觉得，谈一种文化的独特价值和她对人类文明的贡献，应当暂且撇开她在历史中累积的负面因素不谈。好比我们说某人是马拉松的世界纪录保持者，何必管他后来年老体弱坐轮椅呢！那种把人的生理上的衰老，简单地用来比附一个民族、一种文化的"衰老"的说法，毫无根据，是伪理论。欧洲中世纪的情形何其糟糕，但仍可以借助阿拉伯的转译，重新找回在欧洲已经丧失殆尽的古希腊文化，掀起文艺复兴的浪潮。

同样，我们一两千年来的"衰变"也使中华文化的伟大之处名存实亡，以至今日提起所谓"传统"很难苟同。但是，谁能说我们就不能像欧洲那样从先秦、汉唐的真精神所在处，起而复兴呢?当然，文化复兴肯定是一个复杂而漫长的过程，像先生所说的那样，让将来的历史来证明吧。

季羡林：是这样。

林在勇：我还想请先生谈些文学方面的问题。先生强调东方文化体系的独到性，强调不要用"洋玩意儿"而是用中国式的"土法"来解决中国自己的文艺理论问题，这两者之间有着逻辑一致性。您最近发表了《现代中国文学史研究回顾》，批评得很中肯。能否就中国古代文学史和文艺理论建设，再发表一些您的见解?

季羡林：我是到处乱说，文学史我也没研究过。真正的内行，轻易不讲话；像我这样到处乱讲的是外行。你们华东师大徐中玉先生、王元化先生才是古代文学史和文艺理论的专家。你听我讲，是听野狐谈禅。

林在勇：先生不必过谦，您的意见如在《文艺理论研究》上发表，一定能给更多的从事此项研究的年轻同志以启发。

季羡林：我讲得不深不透，但愿我的外行话，内行听了有启发。我觉得，现在我们的许多研究领域都是唯西洋的马首是瞻。文学理论方面，外国传来的东西非常多，可以说是风起云涌，这个主义还没完，那个主义又出来了。人家那里时兴接受美学，咱们也接受美学；人家说后现代主义，咱们也说后现代主义。人家的某个一家之言逐渐不能自圆其说，不流行了，可咱们还老在赶，老也赶不上。

其实若讲文艺理论，中国文艺理论的历史非常长，比人家不差。印度的很有水平，但中断了；古希腊的也中断过，西方到文艺复兴才接上希腊传统，18、19世纪以后西方才出了许多文艺理论家。而中国的文艺理论可以说从先秦的诸子百家一直到王国维的境界说，两千多年未中断过，这是很宝贵的遗产。南北朝时期已经出现那么成系统的文艺理论巨著《文心雕龙》。可惜现在的年轻学生恐怕多半连什么叫《文心雕龙》也不知道。这部书至今还不能说被研究透了，当然，王元化先生的《文心雕龙讲疏》，杨明照先生的《文心雕龙校注拾遗》，范老（范文澜）的《文心雕龙注》都很有水平。

我记得有一年，日本访问学者想在北大找一个《文心雕龙》专家当他的老师，我们就没找到合适的人选，谁也不敢承当，因为怕日本人搞得细，被他难倒。可见我们对我们自己的文化遗产多么疏忽。再如《诗品》，也注意得很不够。

中国的文艺理论有自己的特点，铺张成系统的不多，很少写成专书，构筑一套体系。王渔洋讲神韵论，他也没有写过《神韵论》。美学见解大多隐含在诗话里，如王国维《人间词话》、袁子才《随园诗话》、翁方纲《石洲诗话》等。韩国受中国影响，文艺理论也是含在诗话内。这不同于西方的条分缕析、逻辑论列。

我近来悟到，我们中国的文艺理论不能跟着西方走，中西是两个不同的思维体系，用个新名词，就是彼此的"切入"

不一样。举个简单的例子，严沧浪提到"羚羊挂角，无迹可求"，这种与禅宗结合起来的文艺理论，西方是没法领会的。再说王渔洋的神韵说，"神韵"这个词用英文翻译不出来。袁子才的"性灵"无法翻译，翁方纲的"肌理"无法翻译，至于王国维的"境界"你就更翻不出来了。这只能说明，这是两个体系。我觉得整个人类文化史就是创造了两个文化体系，一东一西。

林在勇：刚才所说这些在印度梵文中能够对译吗？

季羡林：也不能，但有些比较相近。关于"神韵"我写过一篇文章和印度的作比较。我的意思是说，要研究中国的文艺理论，西方只能做个参考，参照系。过去我写文章说，谁要是能够用科学的语言（现在要在科学上加上引号，只是西方语言）把中国古代的"性灵""神韵"讲清楚，那就立了大功。现在我看这事情不但根本办不到，而且完全没必要。不必用西方一套解释中国的文艺理论。中国的文艺理论及其术语，是从中国自己的语言艺术实践中升华出来的。我们完全应当理直气壮地使用自己的术语，以此揭示自己独特的思维方式和审美情趣。

西方的思维方式是分析，析一为二；中国的是综合，合二为一。从任何方面都可以看出中西两者的不同。文艺理论是文化的一部分，两种文化本来就不一样嘛。等到我们中国式的文艺理论建立起来以后，恐怕西方也要参考，它不参考也不对。我们应该参考西方的分析方法，但决不能用来代替我们自己的东西。虽说"人同此心，心同此理"，中西确也有相同的部分，但是，差异更大。如果时至今天还认为西方那一套就是绝对真理，那就太盲目了。西方和东方，分析和综合，不同的方式要相互补充，相存相成，不可流于一偏。

林在勇：要建设我们自己独特的文艺理论体系，克服照搬西方的弊病，您是否认为把中国古代的典籍很好地整理出来以供现代研究者资取，是解决问题的途径之一？

季羡林：说到资料，诗话这一类在中国历史上出现也不太久。诗话最盛是在清代，你看过《随园诗话》吧？它完全可以当小说来看，很有意思；又讲诗，又说故事，也讲理论。你们华东师大中文系一批同志把中国古代文艺理论书籍中的文艺理论资料，尽量摘出来，编成一套《中国古代文艺理论专题资料》（中国社会科学出版社已出版四种）就非常好。否则古代资料一大堆，很难利用，这是个打基础的工作。整理出来的东西，不一定要太多篇幅。《人间词话》就那么薄薄一本，王国维的"境界说"也就是几句话。

简单说，必须重写中国文学史，中国文艺批评史、文艺理论也应该重写。此事做起来当然并非那么简单。我说说容易，让我做，我也做不了。要做好这件事，我对你们年轻同志的建议是，一定要注意两个结合：中西结合，古今结合。这和我们刚才所讲的并不矛盾。现在我们整个人文、社会科学领域的不足是，老一辈对西方的不熟悉，年轻的对传统的不清楚。这种情况应当改变。

林在勇：那么，请先生再谈谈治学之道吧。

季羡林：做学问，第一，要像刘知几所说的，德、识、才、学兼备。德很重要，要真实，不要骗人。咱们人文社会科学容易骗人，它和自然科学不一样。2＋2＝4，谁也不能说等于5，可是我们人文社会科学不然。今天讲《老子》是唯心主义，明天又说是唯物主义，老子不会出来指控你，这就容易骗人，这就给无道德的人或道德感缺乏的人一些机会，讲假话、谎话，偷别人的学术观点也不说，沽名钓誉。现在西方甚至在自然科学里，都有讲假话的。明明不是这样的实验结果，硬写成这样的结果，伪造数据。美国不是揭露了这样的事例吗？在苏联就更不用说了，比如李森科事件（大丑闻）。北朝鲜有个姓金的，谎称"经络"学是他的发明，是世界第一，公然把中国古代已有的东西窃为己有。听说他后来自杀了。所以，做学问首先要老老实实，没有别的办法，材料掌握到什么程度，就说到什么程度，不要骗人，骗人绝没有好下场。

第二，人文社会科学，最需古今结合、中外结合，知识面要广。到了今天，知识面不广绝对不行。所以，一般来说，年轻同志在某些方面要超过老年人，就因为知识面广，能接受新东西。有些老先生，好像还不很愿意承认这一点。搞中国古典文学的吧，要说背古诗，年轻人背不过他，他小时候就背熟了，可是光背诗也不行啊，还有很多别的东西呀！老先生往往有一些毛病（当然不是每个人都这样），往往自视甚高，总觉得自己了不起，总觉得年轻人不行。其实不是那么回事，从学术发展总的趋势来讲，总是青出于蓝而胜于蓝。我说的是总的方向，并非说每一个学生都一定超过老师，像司马迁的《史记》是一个高峰，到现在还超不过。希腊神话也是这样，马克思称它有"永恒魅力"，那也是不会再有、再也超不过的意思。除开这样的特例之外，学术史总是越来越展开，越往后知道得越多，比如甲骨文，从前不知道、不认识，现在大部分认识了。所以说总的倾向是后来居上。年轻人不要妄自菲薄，也不要追名逐利，沽名钓誉，成名于一时，对自己并没有什么好处。康生成了大名，到死还是"伟大的马克思主义者"，结果怎么样?还是逃脱不掉，历史会还一个人本来面目。研究学术也是这样，有些人瞎说八道，也许活着时别人不给你揭发，但死后总是要定案的。

林在勇：学术是天下公器，一个人的手总不能遮住天下人的眼睛。

季羡林：现在是一批"天下人"，20年后又是一批"天下人"。

林在勇：今天我们看学术史，谁是谁非，谁先谁后，不争自明。

季羡林：新中国成立还不到50年，一些大家、大师，在当时所起的作用，我们也不便轻易否定，但今天看怎么样了呢。比如说范老(范文澜)，他如果把《文心雕龙注》继续搞下去，会比他的《中国简史》更有成就。一个人在世，总要受到世人影响。他浪费了一辈子的精力，很可惜。他的历史书今天还能看到，但没人去读了。

林在勇：先生的意思是要做些踏踏实实的学术工作，不必一时迎合某个个人或所谓群众。先生在《读书》上发表了两封信，透露出一些关于续修"四库"的争议，今天能进一步谈谈么?

季羡林：《四库全书存目》和《四库全书》一样，都有意义。第一是对人有用，我自己有切身体会，我写《糖史》，所查文献资料有一半来自《四库》。一本一本地翻，很方便。第二是利于保存，若不集成《四库》，就往往散失了。就是这两条理由。但是，办任何事情都不会一帆风顺，所以现在碰到困难我也处之泰然。

林在勇：您刚才提到《糖史》，这是一部什么样的著作呢？

季羡林：不是唐朝的唐，是红糖、白糖、冰糖的糖。虽然会涉及制作工艺等问题，但不是一本古代科技史书，而是研究中外文化交流的。制糖术的发明、改进和它的传播路线，涉及印度、埃及、伊朗、阿拉伯、欧洲。在写《糖史》(国内编)时，整整两年(到去年年底)，每天在图书馆查古书。没有"引得"，只好一页一页地翻下去，一天坐在那儿翻一千页。我练的功夫不是"一目十行"，而是"目下一页"啦。(笑)只要一页里有"糖"字，就会自动跳到我的眼睛里。四库、各类丛刊，包括诗话，都这样翻了一遍。这事让别人帮忙，是浪费人家精力，何况要找到能查阅若干语种外文资料的助手也不可能。我只能自己手工操作。我的稿子都是写得整整齐齐，自己誊抄的好处是可以随时修改。我写东西比较快，不写也就不写，若要写，连带干着别的工作，五千字两天可以写完。写得头疼时，就换一样工作，搞搞吐火罗文；等到哪边干得疲倦了，再回来接着写。

现在一天工作不少于8小时，晚上早睡，早晨4点起床就工作，6点吃早饭，休息一会儿再工作，8点准时到图书馆，风雨无阻。中午有时睡得着，睡不着就算了。一日三餐要求不高，穿衣服更是一塌糊涂。

我对一位老朋友讲，曹操说"老骥伏枥，志在千里"，我的致命问题是"志在万里"。我眼前的工作十年也做不完。老天爷让不让我再活十年，那可不知道。对于生死我倒是无所谓，只是工作压力大，很苦恼，今天这个让你写序，明天那个让你写序，山门难开，山门难闭。今年要把《吐火罗研究》写完，此书和德国签了稿约，明年要把《糖史》完成，起码要把这两件工作做完。然后要写《中印文化关系史》和《大乘佛教》，资料积累了很多，也写过单篇。我自己说自己是"欲罢不能，自讨苦吃"。

原载于《文艺理论研究》1995 年第 6 期

从太学到北大 *

　　我个人没有下过功夫研究北大的校史。可是我多少年以来就有一个想法，这个想法我曾在许多座谈会上讲到过，也曾对许多人讲到过。曾得到许多人的同意，至少还没有碰到反对者。最近在《北京大学校刊》1997年12月15日那一期上，读到萧超然教授答学生问，才知道，冯友兰先生也有这个意见，并且还写过文章，他的文章我没有读过，也没有听他亲口谈过。郝平书中讲道，北大前校长胡适之先生也有过完全一样的说法。我现在斗胆说一句妄自尊大的话，这可以算是"英雄所见略同"吧。

　　究竟是什么意见呢?就是：北大的校史应当上溯到汉朝的太学。中国在世界民族之林中是一个很奇特的国家。第一，中国尊重历史，寰宇国家无出其右者。第二，中国尊重教育。几千年来办教育一向是两条腿走路：官办和民办。民办的可以各种名目的书院为代表。当然也有官办的书院，那就属于另一条腿。在办教育方面，多数朝代都有中央、省、府、县

----

　　* 本文节选自作者为郝平教授的《北京大学创办史实考源》一书所作的序言。

——必须说明一句：这三级随着朝代的不同而名称各异——几个等级的学校。中国历代都有一个"全国最高学府"的概念，它既是教育人才的机构，又是管理教育行政的机构。这个"最高学府"的名称也不一样，统而言之，共有两个：太学和国子监。虽然说，东汉光武帝建武五年（29年）始设太学，但是"太学"之名，先秦已有。我在这里不是专门研究太学的历史，详情就先不去讲它了。晋武帝咸宁二年（276年）始设国子学，北齐改为国子寺，隋又改名为国子学。唐代因之，一直到清末，其名未变。物换星移，沧海桑田，在过去将近两千年的历史上，改朝换代之事，多次发生。要说太学和国子监一直办下去，一天也没有间断过，那是根本不能够想象的。在兵荒马乱，皇帝和老百姓都处于涂炭之中的情况下，教育机构焉能不中断呢？但是，最令我们惊异的是，这种中断只是暂时的，新政权一旦建立，他们立即想到太学或国子监。因此，我们可以实事求是地说，在将近两千年悠长的历史上，太学和国子监这个传统——我姑名之曰学统——可以说是基本上没有断过。不管最高统治者是汉人，还是非汉人，头脑里都有教育这个概念，都有太学或国子监这个全国最高学府的概念，连慈禧和光绪皇帝都不例外。中国的学统从太学起，中经国子监，一直到京师大学堂，最后转为北京大学，可以说是一脉相承，没有中断。这在世界教育史上是绝无仅有的，是我们中华民族的骄傲。

　　以上说的可以算是冯友兰先生、胡适之先生和我自己的"理论"或谈法的依据和基础。我们在这里并没有强词夺理，也没有歪曲史实。研究学问，探讨真理，唯一的准则就是实事求是，唯真是务。我抱的正是这样的态度。我决无意为北大争正统，争最高学府的荣衔。一个大学办得好坏，绝不决定于它的历史的长短。历史久的大学不一定办得好，历史短的大学不一定办得不好。无数事实俱在，不容争辩。但是，我也算是一个从事科学研究工作的人，事实如此，我不得不如此说尔。

1997 年 12 月

中国文化的内涵

精华与糟粕

最近几十年来，中国文史界有一个口头语，叫作"批判继承"。说详细一点，就是对中国古代文化要"一分为二"，分清精华与糟粕，继承前者，批判后者。口号一出，天下翕然从之，几乎是每人必讲，每会必讲，无有表异议者，仿佛它是先验的，用不着证明。

但是，究竟什么叫作"精华"，什么又叫作"糟粕"呢？二者关系又是怎样呢？我——我看别人也一样——从来没有去认真思考过，好像二者泾渭分明，一看就能识别，只要文中一写，会上一说，它就成了六字真言，威力自在。

最近我那胡思乱想的毛病又发作起来，狂悖起来，我又仔细思考了这个问题，苦思之余，豁然开朗。原来这两个表面上看上去像是对立面的东西，不但不是泾渭分明，而是界限不清；尤有甚者，在一定的条件下，双方可以相互向对立面转化。

空口无凭，我举几个例子。孔子和儒学，在90年前的五四运动时期，肯定被认为是糟粕，不然的话，何能喊出了"打倒孔家店"的口号？然而，时移势迁，到了今天，中国正在努力建设社会主义初级阶段的社会，还有什么人能说孔子和儒学中没有精华呢?这是由糟粕向精华转化的例子。另外一个例子是在改革开放以前思想大混乱的时期中，斗，斗，斗的哲学被认为是天经地义，当然是精华无疑了。然而到了今天怎样了呢?谁敢说它不是糟粕?这是一个从精华转化成糟粕的例子，我认为，这两个例子都是有说服力的。类似的例子还有很多，我不一一列举了。

但是，上面的例子还是过于简单化了一些，古往今来，实际的情况要复杂得多，精华与糟粕互相转化，循环往复、变化多端，想读者定能举一隅而以三隅反的。

这种情况的根源何在呢?我个人的看法是：时代随时在前进，社会随时在变化。每一个时代和每一个社会都有自己的特殊要求，在政治方面，在经济方面，在巩固统治方面，在保持安定团结方面，在发展文化教育方面，在提高人民的文化道德水平方面，等等，都有自己的特殊要求。能满足这个要求的前代或当代的理论、学说或者行动，就是精华，否则就是糟粕。但时代和社会是永不停息地变动着的，一变动就会提出新的要求。以不变应万变的理论、学说或者行动是不能想象的。

我的用意只不过是提醒人们：在讲出这近套话的"批判继承"和"要分清精华与糟粕"的时候，要稍稍动一点脑筋，不要让套话变成废话，如此而已。

1999 年 1 月 12 日

我看中国文化书院

在历史上，中国是教育大国。在两千多年的历史上，各朝代办学的原则都是两条腿走路：公私并举。这是极为英明的政策，公私互补，其力无穷。官办的最高学府，先称太学，后改为国子监，一直沿袭到清末。低一级的则是遍布全国城乡的私塾。民办的比较高级的学术机构叫书院，书院也有官办者，但以民办为多。中国数千年的文化教育的命脉就是靠这些机构保存下来的。

1952年的院系调整是一个败笔，除了"乱点鸳鸯谱"以外，最大的危害就是禁止私人办学。改革开放以来，天日重明，又恢复了私人办学的传统，这实在是极为高明的一着。可惜认识到这一点的人还不太多。

中国文化书院十五年前诞生于北大，主要创办人是哲学系的几位老中青教师，我并没有参加，我是后来才加入的。我们有一个导师队伍，其中公认为大师者颇不乏人，而且包括大陆和港、澳、台、美等地的著名学者，其实力是国内任何机构所无法相比的。十五年来，格于外界的困难，没有能充分发挥导师队伍的作用。现在政府对私人办学似有鼓励之意，这是更为英明的一着。我希望，我们中国文化书院能够借这个东风，比较充分地发挥出我们的力量，为祖国抢救一些垂暮的大师，培养一些优秀人才，共庆升平。

1999 年 4 月 23 日

对我影响最大的几本书

　　我是一个最枯燥乏味的人，枯燥到什么嗜好都没有。我自比是一棵只有枝干并无绿叶更无花朵的树。如果读书也能算是一个嗜好的话，我的唯一嗜好就是读书。我读的书可谓多而杂，经、史、子、集都涉猎过一点，但极肤浅。小学、中学阶段，最爱读的是"闲书"（没有用的书），比如《彭公案》《施公案》《济公传》《三侠五义》《小五义》《东周列国志》《说岳》《说唐》等等，读得如醉似痴。《红楼梦》等古典小说是以后才读的。读这样的书是好是坏呢?从我叔父眼中来看，是坏。但是，我却认为是好。至少在写作方面是有帮助的。

　　至于哪几部书对我影响最大，几十年来我一贯认为是两位大师的著作：在德国是海因里希·吕德斯，我老师的老师；在中国是陈寅恪先生。两个人都是考据大师，方法缜密到神奇的程度。从中也可以看出我个人兴趣之所在。我禀性板滞，不喜欢玄之又玄的哲学。我喜欢能摸得着、看得见的东西，而考据正合吾意。

　　吕德斯是世界公认的梵学大师。研究范围颇广，对印度古代碑铭有独到深入的研究。印度每有新碑铭发现而又无法读通时，大家就说："到德国找吕德斯去！"可见吕德斯权威之高。印度两大史诗之一的《摩诃婆罗多》从核心部分起，滚雪球似地一直滚到后来成型的大书，其间共经历了七八百年。谁都知道其中有不少层次，但没有一个人说得清楚。弄清层次问题的又是吕德斯。在佛教研究方面，他主张有一个"原始佛典"（Urkanon），是用古代半摩揭陀语写成的。我个人认为这是千真万确的事，但欧美一些学者不同意，却又拿不出半点可信的证据。吕德斯著作极多，中短篇论文集为一书《古代印度语文论丛》。这是我一生受影响最大的著作之一。这书对别人来说，可能是极为枯燥的，但是，对我来说却是一本极为有味，极有灵感的书，读之如饮醍醐。

在中国，影响我最大的书是陈寅恪先生的著作，特别是《寒柳堂集》《金明馆丛稿》。寅恪先生的考据方法同吕德斯先生基本上是一致的，不说空话，无征不信。二人有异曲同工之妙。我常想，寅恪先生从一个不大的切入口切入，如剥春笋，每剥一层，都是信而有征，让你非跟着他走不行，剥到最后，露出核心，也就是得到结论，让你恍然大悟：原来如此。你没有法子不信服。寅恪先生考证不避琐细，但决不是为考证而考证，小中见大，其中往往含着极大的问题。比如，他考证杨玉环是否以处女入宫，这个问题确极猥琐，不登大雅之堂。无怪一个学者说：这太 Trivial(微不足道)了。焉知寅恪先生是想研究李唐皇族的家风。在这个问题上，汉族与少数民族看法是不一样的。寅恪先生是从看似细微的问题入手，探讨民族问题和文化问题。由小及大，使自己的立论坚实可靠。看来这位说那样话的学者是根本不懂历史的。

在一次闲谈时，寅恪先生问我：《梁高僧传》卷九《佛图澄传》中载有铃铛的声音"秀支替戾冈，仆谷劬秃当"是哪一种语言？原文说是羯语，不知何所指？我到今天也回答不出来。由此可见寅恪先生读书之细心，注意之广泛。他学风谨严，在他的著作中到处可以给人以启发。读他的文章，简直是一种最高的享受。读到兴会淋漓时，真想"浮一大白"。

中德这两位大师有师徒关系，寅恪先生曾受学于吕德斯先生。这两位大师又同受战争之害。吕德斯生平致力于 *Udānavarga* 之研究，几十年来批注不断，二战时手稿被毁。寅恪师生平致力于读《世说新语》，几十年来眉注累累，后日寇入侵，逃往云南，此书丢失于越南。假如这两部书能流传下来，对梵学、国学将是无比重要之贡献。然而先后毁失，为之奈何！

1999 年 7 月 30 日

对我影响最大的几本书

漫谈中国散文 *

　　当年在清华大学读书时，听过叶公超先生所开的"英国散文"的课，读了那些清秀隽永、篇幅不长而韵味无穷的英国散文，大为欣赏。想到中国古人说"临渊羡鱼，不如退而结网"，我也想"退而结网"，但却不知道这一张网如何去结。

　　后来，自己年岁长了几年，识见开阔了一点，我憬然顿悟：自己从小就读的那一些唐宋八大家以及其他家的古文，不就是极其优美的散文吗？远在天边，近在眼前，自己舍近而求远，成了一个典型的迂夫子。

　　我对散文有偏爱，也有偏见。我认为，散文可以分为两大类：广义的与狭义的。广义的散文就是与诗歌相对立的那种文体。狭义的散文则是接近英国人所说的 familiar essay，是以抒情和叙事为主的，叙事也不是干巴巴的事实排列，也必须贯之以抒情。至于议论文，有文采的可以归入我心目中狭义的散文内，报纸上的社论和各种形式的报告等等，则只能纳入广义的散文中，与我所欣赏的抒情散文不能同日而语了。

　　在中国流行的书籍分类法"四库"或"四部"中，经部几

268 中国文化的内涵

---

　　* 本文是作者为《中国历代名家散文大系》写的序。

乎全是广义的散文，狭义的极少。在史部中，除了司马迁的《史记》外，其余几乎都要归入广义的散文。司马迁由于受到了极残酷的刑罚，满腹愤懑，一一倾之于《史记》中，虽系叙述历史事实，感情却流溢于字里行间，成为千古绝唱。其余史籍，间亦有文采灿然者，然而绝大多数只能纳入广义的散文中。子部，除了少数几种外，绝大部分都属于狭义的散文。集部，除了诗唱外，都可以归入狭义的散文中。总之，无论是从数量上来看，还是从质量上来看，中国都是世界散文，特别是狭义的散文的大国。我用不着亲自结网，一张巨大的网已经摆在我的眼前了。

在欧洲，狭义的散文发展是极不平衡的。英国一向是此道大国，谁也无法否认。名家辈出，灿如列星，照亮了英美，欧洲以至世界文坛。德国则极少。法国，除了著名的蒙田外，真正的狭义的散文家较德国为多，而远远比不上英国。这是我个人观察归纳的现象。至于产生这个现象的原因，我目前还没有办法来解释。

我为什么对这样抒情叙事的散文情有独钟呢？这可能与个人的审美情趣有关，但是也不尽然。我觉得，一个作者，情与境遇，真情发乎内心，汹涌回荡，必抒之以文字而后已。这样写出来的散文，能提高读者的精神境界，陶冶读者的性灵，使读者能得到美感享受，用现在的话来说，就是能提高读者的人文素质。其作用与诗歌相等。但是，现在诗歌已受到人们的青睐，由名家学者选出了一些脍炙人口的古代诗篇，供中小学生朗读背诵之用，受到了人们普遍的欢迎。遗憾的是，我们这个散文大国千百年来普遍传诵的散文，虽然过去已有不少的选本，如《古文观止》之类，现在还没有受到人们应有的注意和重视，这个课必须尽快补上。

我们现在这一部散文大系，由于篇幅过多，不可能让读者篇篇背诵。但是，背诵散文，同背诵诗歌一样，是中国几千年来传统教育方式的内容之一，这个优秀的传统我们必须继承下来。目前我能够想到的办法有二：第一个办法是在本书的基础上由老师或家长选出一二百篇多年传诵的名篇，让中小学生背诵，大学生如果缺这一课，也必须补上；第二个办法就是，由出版社出面邀请著名的专家学者，也以本书为基础，选出一二百篇文章，加以注释，编定出版。编选散文，同编选诗歌一样，都属于"及时雨"的范畴，切望普天下有识之士不要等闲视之。

1999 年 8 月 4 日

成语和典故

成语，旧《辞源》的解释是："谓古语也。凡流行于社会，可证引以表示己意者皆是。"典故，《现代汉语词典》的解释是："诗文里引用的古书中的故事或词句。"后者的解释不够全面，除了"古典"外，有些人还用"今典"这个词儿。

成语和典故是一种语言的精华，是一个民族智慧的结晶，是高水平文化的具体表现。短短几个字或一句话，却能唤起人们的联想，能蕴涵无穷无尽的意义，有时是用千言万语也难以表达清楚的。中国古代文人，特别是诗人和词人，鲜有不用典者。一个最著名的例外是李后主。

在世界上各大民族中，成语和典故最丰富多彩的是哪一个民族呢?这个问题，我想，考虑到的人极少极少，反正我还没有遇到呢。我自己过去也从未想到过。只是到了最近，我才豁然开朗：是中国。

中国汉语浩如瀚海的诗文集是最好的证明。没有足够的古典文献的知识，有些诗词古文是无法理解的。许多古代大家的诗文集，必须有注释才能读得懂。有的大家，注释多到数十家，数百家，其故就在于此。这情况不但见于古典诗文，连老百姓日常习用的口语也不能避免，后者通常被称为"成语"。成语和典故的区分，有时真是难解难分。我的初步的肤浅的解释是：成语一般限于语言，典故则多见诸文字。我们现在每个人每天都要说话（哑巴当然除外），话中多少都用些成语，多半是无意识的，成语已经成为我们口语中不可或缺的一个组成部分了。

成语的量大得不得了，现在市面上流行着许多版本的《汉语成语大词典》可以为证。例子是举不胜举的，现在略举数例，以见一斑："司空见惯""一箭双雕""滥竽充数""实事求是""每况愈下""连中三元""梅开二度""独占鳌头""声东击西""坐井观天""坐山观虎斗""坐失良机""座无虚席""坐以待毙""闻鸡起舞"，等等。这不过只是沧海一粟而已。在我这篇短文中，我就不自觉地使用了一些典故。连电视中的体育报告员，嘴里也有不少成语。比如，踢足球踢进第二个球，则报告员就用"梅开二度"，连踢进三个球，则是"连中三元"了。连不识字的农民有时也想"传"（读音 zhuǎi）文，使用成语，比如，"实事求是"，对一个农民来说实在太拗口，他便改为"以实求实"。现在常听人说"不尽人意"，实际上应该是"不尽如人意"，去掉"如"字，是不通的。但是，恐怕约定俗成，将来"不尽人意"就会一统天下了。

汉语的优点是说不完的。今天只能讲到这里，等以后有机会再来啰唆。

1999 年 10 月 16 日

我最喜爱的书

我在下面介绍的只限于中国文学作品。外国文学作品不在其中。我的专业书籍也不包括在里面，因为太冷僻。

一、司马迁《史记》

《史记》这部书，很多人都认为它既是一部伟大的史籍，又是一部伟大的文学作品。我个人同意这个看法。平常所称的《二十四史》中，尽管水平参差不齐，但是哪一部也不能望《史记》之项背。

《史记》之所以能达到这个水平，司马迁的天才当然是重要原因，但是他的遭遇起的作用似乎更大。他无端受了宫刑，以致郁闷激愤之情溢满胸中，发而为文，句句皆带悲愤。他在《报任少卿书》中已有充分的表露。

二、《世说新语》

这不是一部史书，也不是某一个文学家和诗人的总集，而只是一部由许多颇短的小故事编纂而成的奇书。有些篇只有短短几句话，连小故事也算不上。每一篇几乎都有几句或一句隽语，表面简单淳朴，内容却深奥异常，令人回味无穷。六朝和稍前的一个时期内，社会动乱，出了许多看来脾气相当古怪的人物，外似放诞，内实怀忧，他们的举动与常人不同。此书记录了他们的言行，短短几句话，而栩栩如生，令人难忘。

三、陶渊明的诗

有人称陶渊明为"田园诗人"。笼统言之，这个称号是恰当的。他的诗确实与田园有关。"采菊东篱下，悠然见南山"，这样的名句几乎是家喻户晓的。从思想内容上来看，陶渊明颇近道家，中心是纯任自然。从文体上来看，他的诗简易淳朴，毫无雕饰，与当时流行的镂金错彩的骈文迥异其趣。因此，在当时以及以后的一段时间内，对他的诗的评价并不高，在《诗品》中，仅列为中品。但是，时间越后，评价越高，最终成为中国伟大诗人之一。

四、李白的诗

李白是中国文学史上最伟大的天才之一，这一点是谁都承认的。杜甫对他的诗给予了最高的评价："白也诗无敌，飘然思不群。清新庾开府，俊逸鲍参军。"李白的诗风飘逸豪放。根据我个人的感受，读他的诗，只要一开始，你就很难停住，必须读下去。原因我认为是，李白的诗一气流转，这一股"气"不可抗御，让你非把诗读完不行。这在别的诗人的作品中，是很难遇到的现象。在唐代，以及以后的一千多年中，对李白的诗几乎只有赞誉，而无批评。

五、杜甫的诗

杜甫也是一个伟大的诗人，千余年来，李杜并称。但是二人的创作风格却迥乎不同：李是飘逸豪放，而杜则是沉郁顿挫。从使用的格律上，也可以看出二人的不同。七律在李白集中比较少见，而在杜甫集中则颇多。摆脱七律的束缚，李白是没有枷锁跳舞；杜甫善于使用七律，则是戴着枷锁跳舞，二人的舞都达到了极高的水平。在文学批评史上，杜甫颇受到一些人的指摘，而李白则绝无仅有。

六、南唐后主李煜的词

南唐后主李煜的词传留下来的仅有三十多首，可分为前后两期：前期仍在江南当小皇帝，后期则已降宋。后期词不多，但是篇篇都是杰作，纯用白描，不做雕饰，一个典故也不用，话几乎都是平常的白话，老妪能解，然而意境却哀婉凄凉，千百年来打动了千百万人的心，在词史上巍然成一大家，受到了文艺批评家的赞赏。但是，对王国维在《人间词话》中赞美后主有佛祖的胸怀，我却至今尚不能解。

七、苏轼的诗文词

中国古代赞誉文人有三绝之说。三绝者，诗、书、画三个方面皆达到极高水平之谓也，苏轼至少可以说已达到了五绝：诗、书、画、文、词。因此，我们可以说，苏轼是中国文学史和艺术史上最全面的伟大天才。论诗，他为宋代一大家；论文，他是唐宋八大家之一，笔墨凝重，大气磅礴；论书，他是宋代苏、黄、米、蔡四大家之首；论词，他摆脱了婉约派的传统，创豪放派，与辛弃疾并称。

八、纳兰性德的词

宋代以后，中国词的创作到了清代又掀起了一个新的高潮。名家辈出，风格不同，又都能各极其妙，实属难能可贵。在这群灿若列星的词家中，我独独喜爱纳兰性德。他是大学士明珠的儿子，生长于荣华富贵中，然而却胸怀愁思，流溢于笔墨之间。这一点我至今还难以得到满意的解释。从艺术性方面来看，他的词可以说是已经达到了完美的境界。

九、吴敬梓的《儒林外史》

胡适之先生给予《儒林外史》极高的评价。诗人冯至也酷爱此书。我自己也是极为喜爱《儒林外史》的。此书的思想内容是反科举制度，昭然可见，用不着细说，它的特点在艺术性上。吴敬梓惜墨如金，从不做冗长的描述。书中人物众多，各有特性，作者只讲一个小故事或用短短几句话，活脱脱一个人就仿佛站在我们眼前，栩栩如生。这种特技极为罕见。

十、曹雪芹的《红楼梦》

在古今中外众多的长篇小说中，《红楼梦》是一颗璀璨的明珠，是状元。中国其他长篇小说都没能成为"学"，而"红学"则是显学。《红楼梦》描述的是一个大家族的衰微过程。本书特异之处也在它的艺术性上。书中人物众多，男女老幼、主子奴才、五行八作，应有尽有。作者有时只用寥寥数语而人物就活灵活现，让读者永远难忘。读这样一部书，主要是欣赏书中高超的艺术手法，那些把它政治化的无稽之谈，都是不可取的。

2001 年 3 月 21 日

思想家与哲学家

我又有了一个怪论，我想把思想家与哲学家区分开来。

一般人大概都认为，我以前也曾朦朦胧胧地认为，所有的哲学家都是思想家。哪里能有没有思想的哲学家呢？

但是，最近一个时期以来，我的想法有了改变。

古今中外的哲学史告诉我们，哲学家们大抵同史学家差不多，想"究天人之际，通古今之变"，方式稍有不同。哲学家们探讨的是宇宙的根源、人生的真谛、精神与物质的关系、存在和意识的关系等等。在这些问题上，他们时有精辟之论，颇能令人心折。但是，一旦他们想把自己的理论捏成一个完整的体系的时候——一般哲学家都是有这种野心的——便显露出捉襟见肘、削足适履的窘态。

我心目中的思想家，却不是这个样子。他们对我在上面谈到的那些问题也可能会有自己的看法。但是，他们决不硬搞什么体系，决不搞那一套烦琐的分析。记得有一副旧对联："世事洞明皆学问，人情练达即文章。"我觉得，思想家就是洞明世事、练达人情的人。他们不发玄妙莫测的议论，不写恍兮惚兮的文章，更不幻想捏成什么哲学体系。他们说的话都是中正平和的，人人能懂的。可是让人看了以后，眼睛立即明亮，心头涣然冰释，觉得确实是那么一回事。

空口无凭，试举例以明之。我想举出两个人：一个是已故的陈寅恪先生，一个是健在的王元化先生，都是中国学术界知名的人物。

寅恪先生是史学大师，考据学巨匠。但是，他的考据是与乾嘉诸大师不同的，后者是为考据而考据，而他的考据则是含有义理的。他从来不以哲学家自居，然而他对许多本来应属于哲学范畴的问题的看法却确有独到之处，比如，对中国文化，他写道：

> 吾中国文化之定义，具于《白虎通》三纲六纪之说，其意义为抽象理想最高之境，犹希腊柏拉图所谓 idea 者。

言简意赅，让人看了就懂，非一般专门从事分析概念的哲学家所能企及。此外，寅恪先生对中国历史研究还有许多人所共知的见解。总之，我认为，寅恪先生不是哲学家，而是思想家。

王元化先生是并世罕见的通儒，他真可以说是学贯中西、古今兼通。他的文章我不敢说是全部都读过，但是读得确实不少。首先让我心悦诚服的是他对五四运动的新看法。五四运动是中国近代史上的一件大事，对它有种种不同的议论和看法。至今仍纷争不休。我自己于无意中也形成了一种看法。但是，读了元化先生论"五四"的文章，我觉得他的看法确实鞭辟入里、高人一筹。他对当前的许多问题都有自己独特的看法，我从中都能得到启发。总之，我认为，元化先生不是哲学家，而是思想家。

我崇拜思想家，对哲学家则不敢赞一辞。

2001 年 10 月 7 日

思想家与哲学家

中国文化是五十六个民族
共同创造的文化[*]

现在国学特别热，但是年轻人对国学的概念比较模糊，不太清楚。那么，什么是"国学"呢?简单地说，"国"就是中国，"国学"就是中国的学问，传统文化就是国学。

现在对传统文化的理解歧义很大。按我的观点，国学应该是"大国学"的范围，不是狭义的国学。

既然这样，那么国内各地域文化和五十六个民族的文化，就都包括在"国学"的范围之内。地域文化和民族文化有各种不同的表现形式，但又共同构成中国文化这一文化共同体。举个例子，比如齐文化和鲁文化，也不一样。"孝悌忠信"是鲁文化，"礼义廉耻"是齐文化。就是说鲁文化着重讲内心，内在的;齐文化讲外在的，约束人的地方多。"孝悌忠信"是个人伦理的修养;礼义廉耻，就必须用法律来规定，用法律来约束了。鲁国是农业发达，鲁国人就是很本分地在务农。齐国商业化，因为它靠海，所以姜太公到齐国就是以商业

---

* 本文是蔡德贵根据季羡林的谈话整理而成，刊在蔡德贵代表季羡林研究所编的《季羡林说自己：镜头人生》，中国书店 2007 年版。

来治国。具体的例子，如刻舟求剑，这种提法就是沿海文化的。而"日出而作，日落而息"，恐怕就代表鲁文化了。齐鲁文化互补，是中国传统文化的重要组成部分。但是齐鲁文化以外，还有其他地域文化也很重要。过去光讲黄河是中国文化的中心，我是不同意的，长江文化、其他地域文化其实都应该包括在国学里边，敦煌学也包括在国学里边。

咱们讲文化交流，文化交流有两种形式，一个是输出的，一个是进来的。敦煌是进来的代表，很多文明程度很高的国家文化，都到过敦煌。佛教从国外进来，经过很长时间的演变，形成了有中国特色的中国佛教。敦煌里边有很多内容是佛教的，也有其他文化的，是古代中国吸收外来文化的最后一站，再往下就没了。

吐火罗语的《弥勒会见记剧本》，是不是也算国学？当然算，因为吐火罗文最早是在中国新疆发现的。吐火罗文是中国古代的一种语言，是别的地方没有的。另外，很多人以为国学就是汉族文化。我说中国文化，中国所有的民族都有一份。中国文化是中国五十六个民族共同创造的，这五十六个民族创造的文化都属于国学的范围。而且后来融入中国文化的外来文化，也都属于国学的范围。

我们现在的国学研究还很粗糙，很多应该包括的内容还没有挖掘出来。

历史不断发展，不断地融入，这是没有时间界限的。儒家、道家是传统文化，佛家也是啊，把佛家排除在外，是不对的。

2007 年 3 月 6 日

"和谐"是中国文化的精髓*

2003年我住院以来，许多人包括国家领导人纷纷前来探望。温家宝总理在5年的时间里来看望我4次，真让我感到诚惶诚恐。除了感激，还是感激。在和总理的谈话中，我非常突出和谐的内容。和其他朋友谈话的内容，也往往涉及这个话题，比如2007年6月我与金庸先生也谈到这个主题。

中国文化的精髓是什么?据我的看法，中国文化的精髓就是"和谐"。自古以来，中国就主张"和谐"。时至今天，我们又提出"和谐"这一概念。这是我们中华民族送给世界的一个伟大礼物，希望全世界能够接受我们这个"和谐"的概念，那么，我们这个地球村就可以安静许多。

和谐涉及哲学、宗教、美学和文化交流诸方面。

我现在就讲讲自己的看法，我想这里面起码应包括这么几部分内容。人类自从成为人类以来，最重要的是要处理好三个关系：一、人与自然的关系；二、人与人的关系，也就是社会关系；三、个人内心思想、感情的平衡与不平衡的关系。

---

* 这篇文章的部分内容是作者的学生蔡德贵从作者的旧作中辑录的，部分是作者新写作的。

我们讲和谐，不仅要人与人和谐、人与自然和谐，还要人内心和谐。鉴于此，我把人文关怀的层次分析成人与自然、人与人及人自身的思想情感处理等三种关系，如果这三种关系处理得当，人就幸福愉快，否则就痛苦。

我们中华文化在哲学上表现为"天人合一"，具体讲就是人和大自然不是敌人而是朋友。宋代大哲学家张载的话最能涵盖："民吾同胞；物吾与也。"民，都是我的同胞兄弟；物，包括植物、动物都是我的伙伴。这就是中国的思想。你如果把大自然当成敌人，大自然就会惩罚你。

有一次我讲话说，只有东方文化，能够拯救人类。你要那样征服自然界，征服下去，人类就没法活下去。

东方和西方最大的区别，基础在于思维方式：西方分析，东方综合。就是西方把事物越分越细，东方则是综合的，东方就是"天人合一"。天是大自然，人就是我们人类。"天人合一"的精神就是天人浑然一体，人天相爱。你要生存下去，人和自然要做朋友，不能做敌人。

东方文化的基础是综合的思维模式，西方则是分析的思维模式。所谓"综合"，其核心是强调普遍联系，注重整体概念。表现在人与自然的关系上，就是人与自然为一整体，人与其他动物都包括在这个整体之中。

东方的"天人合一"是带有普遍性的一种思想，中国、印度都有。以中国儒家为例，《易经》中有"大人者，与天地合其德，与日月合其明，与四时合其序，与鬼神合其吉凶。先天而天弗违，后天而奉天时"。《中庸》有"能尽人之性，则能尽物之性；能尽物之性，则可以赞天地之化育；可以赞天地之化育，则可以与天地参矣"。《孟子》有"莫之为而为者，天也；莫之致而致者，命也"；"尽其心者，知其性也；知其性，则知天矣"。董仲舒的"天人之际，合而为一"。张载的"民吾同胞；物吾与也"更是典型的"天人合一"思想。这些都是综合思维方式的典型例子。印度的"梵我一如"，也是其表现。

现在欧洲也有人感觉到了这一点。这个东方不限于中国，还包括印度，以及受中国文化影响的韩国、日本等。我们不是说西方文明都不好，西方文明也为人类创造了福利，电灯、电话等就是西方创造的。但是，西方把人和自然对立起来。英文词典查"征服"，举例就是"征服自然"。西方自古希腊以来，以分析的方法对待自然。到了近代产业革命，达到了登峰造极的地步，其结果是人所共睹的。他们取得了辉煌的成就，上天入地，腾空泛海，声光电化，无所不及。一直发展到核能开发、宇宙卫星等等，全世界人民无不蒙受其利。这一点是无法否认的。这是他们"征服自然"的结果。然而自然虽无人格或神格，如孔子说："天何言哉！四时行焉，百物生焉，天何言哉！"然而它却是能报复的，能惩罚的。西方滥用科技产生的弊端至今已日益显著，比如大气污染、环境污染、生态平衡破坏、臭氧层破坏、新疾病丛生、人口爆炸、淡水资源匮乏、自然资源匮乏，如此等等，不一而足。这些弊端，如果其中的任何一个得不到控制，则人类前途实处危境。

这些弊端已经引起了全世界有识之士的深切关注。怎么办呢？我的看法是：人类必须悬崖勒马，正视弊端，痛改"征服自然"的思想，采用东方的"天人合一"的思想。这样一来，庶几乎可以改变这种危险局面。我们人类是有理智、有感情的，让脑筋清醒一下，是有好处的，何况我们回顾与前瞻的问题是关系到人类前途的问题，切不可掉以轻心，等闲视之。这样做不单是一般人的任务，有远见卓识的政治家们更应如此。

恩格斯在《自然辩证法》中说：

> 我们不能过分陶醉于我们对自然界的胜利，对于每一次这样的胜利，自然界都报复了我们。

恩格斯真不愧是马克思主义奠基人之一。在一百多年以前，当时自然界对人类的报复还不太显著或者只能说是初露端倪。可是伟大的恩格斯已经注意到了，而且给世人敲响了警钟。对这样天才的预见和警告，我们能不五体投地地赞佩吗？

眼前世界的形势已经充分地证明了恩格斯预见之伟大与睿智。许多自然界和人类社会的现象已经充分证明了自然界正在日益强烈地对我们人类进行着报复。稍有头脑的人都能看到，例子是不胜枚举的。为了保护环境绝不能抑制科学的发展、技术的发展和经济的发展，这个大前提是绝对正确的。不这样做是笨伯，是傻瓜。但是处理这个问题，脑筋里必须先有一根弦，先有一个必不可缺的指导思想，而这个指导思想只能是东方的"天人合一"思想。否则就会像是被剪掉了触角的蚂蚁，不知道往哪里走。从发展的最初一刻起，就应当在这种思想的指引下，念念不忘过去的惨痛教训，想方设法，挖空心思，尽最大的努力，对弊害加以抑制，绝不允许空喊"发展！发展！发展！"更不能高枕无忧，掉以轻心，梦想有朝一日科学会自己找出办法，挫败弊害。常言道："道高一尺，魔高

"和谐"是中国文化的精髓

一丈。"到了那时，魔已经无法控制，而人类前途危矣。中国旧小说中常讲到龙虎山张天师打开魔罐，放出群魔，到了后来，群魔乱舞，张天师也束手无策了。最聪明、最有远见的办法是向观音菩萨学习，放手让本领通天的孙悟空去帮助唐僧取经，但是同时又把一个箍套在猴子头上，把紧箍咒教给唐僧。这样可以两全其美，真不愧是大慈大悲的观世音。

然而我们的反应怎样呢?除了少数有识之士外，大多数人，包括一些国家的领导人在内，还懵懵懂懂，驰骋于蜗角，搏斗于蚁冢。美国在演着总统选举的闹剧，中东在演着巴以冲突的悲剧，全球狼烟四起，动荡混乱，如果真有一个造物主的话——我不相信真有——他站在宇宙某一个地方，俯视地球村里的几台大戏正在演得红红火火。难道他会像我们人类一样，看到地上的蚁群厮杀，积尸满地，流血——蚂蚁不知有血没有——成河，不禁莞尔而笑吗?

我虔诚希望，我们人类要同大自然成为朋友，不要再视它为敌人，成了朋友以后，再伸手向它要衣，要食，要一切我们需要的东西。

和谐还有社会的方面。我的老师陈寅恪教授曾经说过《白虎通》当中的三纲六纪是中国文化的精华。什么叫三纲呢?就是君臣、父子、夫妻。他讲的当然是君为臣纲，父为子纲，夫为妻纲。这里边有糟粕，如夫妻应该是平等的，怎么男人成了女人的纲了呢?这个我们先不讲它。六纪，一是诸父，就是父亲的兄弟姊妹；二是兄弟；三是族人；四是诸舅，就是母亲家的人；五是师长；六是朋友。他说，这三纲六纪是中国文化的中心，我看他的话很有道理。因为人类自有社会以来，必然要有一种规则来维系，不然的话社会就会乱七八糟。现在马路上为什么要有交通警?为什么要有红绿灯?这就是一种规则，一种规章制度，要求大家都来遵守，这样社会生活才能进行。要是没有这些规则，社会生活就不能进行。《白虎通》的三纲六纪，把当时社会所有的人际关系都规定了。

　　建设和谐社会，首先是每个人都能做到内心的和谐。因此内心的和谐显得更为重要。我们的文化还有一个提法，是我们的特点，就是"格、致、正、诚、修、齐、治、平"。意思就是格物、致知、正心、诚意、修身、齐家、治国、平天下八个步骤。先从自己开始格物，就是了解事物，了解以后致知，把规律找出来，正心、诚意就不用讲了，修身就是修自己，然后齐家，把家治好，然后再治国，治国以后是平天下。就是从个人内心一直到天下。那么，什么叫国，什么叫天下呢?在周代来讲，像齐国、燕国、郑国等国是国，天下则指整个周代的中国。现在像中国、日本叫国，天下就是世界。个人要从内心出发，正心、诚意，一直推到治国、平天下。这套系统的步骤，属于伦理道德范畴，也属于政治范畴，是其他任何国家所没有的。"礼义廉耻，国之四维。"就是说，礼义廉耻是国家的四个支柱。除了这个提法外，古人还提出了"孝悌忠信，礼义廉耻"等说法，意思都差不多。

　　1998年3月我为泰国朋友郑彝元《道统论》作序说过：

『和谐』是中国文化的精髓

　　　我平生为不中不西而又亦中亦西之学，偏考据而轻义理，此盖天性使然，不敢强求也。迨至耄耋之年，忽发少年之狂，对义理问题，妄有所论列；

但局促门外，有若野狐，心情介于信疑之间，执着则逾意料之限。数年前曾写一长文《"天人合一"新解》，意在唤起有志之士正确处理人与大自然之关系。盖谓西方科技文明，彪炳辉煌，为时已久。造福人类，至深且巨。然时至今日，际此 20 世纪之末，21 世纪之初，其弊害渐趋明显，举其荦荦大者，如环境污染、臭氧出洞、人口爆炸、疾病丛生、淡水匮乏、生态失衡，如此等等，不一而足。此皆大自然对人类征服之报复，而芸芸者众，尚懵懵懂懂，使人不禁有"错把杭州作汴州"之慨叹。此诸弊害，若其中任何一方阻止无方，则人类生存前途必处于极大危害之中，事实如此，非敢危言耸听也。

这可以看作对我哲学方面的总结。

　　从宗教方面来说，我自己虽然不是任何宗教的信徒，但我对世界上所有正大光明的宗教都十分尊重，因为各大宗教都劝人做好事，不做坏事。这正是正直的人类所需要的。但任何宗教都应该认识到，自己的宗教教义只是相对真理，绝对真理只有"最高神灵"才能掌握。所以不同宗教的信徒要互相尊重，互不相妨。你好，我好，大家好，大家以各自喜爱的方式来满足宗教的需要。同样，应该承认，世界上有有宗教需要的人，也有没有宗教需要的人。应该是敲锣吹号，各有一套，自己生存，也让别人生存。有宗教需要的人和没有宗教需要的人，有宗教需要的人中信这种教的和信那种教的，都应该共同携手，齐心协力，为改善人类的生存条件而努力奋斗。

从世界范围来说，有有国教的国家，也有没有国教的国家。有宗教和民族一致的国家，也有宗教和民族不一致的国家。中国是一个没有国教的国家。在中华民族中，汉族不能算是一个宗教性很强的民族。汉族历史上信仰的宗教最大、最古的有两个，一个是土生土长的道教，一个是从外面传来的佛教。但是对于道教和佛教，除了道士和尼姑、和尚之外，老百姓对这两种宗教，都信得马马虎虎。佛教庙里有时有道教的神，而且佛道两种庙里，有时竟会出现孔子和关圣帝君文武两圣人。有钱人家办丧事，既请道士，也请和尚，各唱各的调，各吹各的号，一团和气，处之泰然。因此整个中国历史上没有一次宗教战争。如果不同宗教的信徒都能互相尊重，则中国社会必能安定团结，世界人民也必能安定团结。

从中国文化的传统来说，我们是不讲弱肉强食的。现在我们提出"和谐"这个概念，有助于全世界人民互相理解、互相尊重、互相爱护、不要斗争。中华文化源远流长，可以从各个方面来解释。唐朝时讲儒释道三教，那个时候儒家也算一种宗教。中国文化要从宗教来讲，就是儒释道，这三个思想体系加起来就是中国文化。

儒家的精神上面已经说过。

道家和道教的精神是什么呢?我很喜欢陶渊明《神释》中的四句诗，实际上这也是我人生的座右铭，即纵浪大化中，不喜亦不惧。应尽便须尽，无复独多虑! 我觉得这首诗中就充分展现了道家和道教的精神，这就是顺其自然的思想。依我的看法，陶渊明骨子里更像是道家的。我觉得"顺其自然"最有道理，不能去征服自然，自然不能征服，只能"天人合一"。要跟自然讲交情、讲平等、讲互相尊重；不要讲征服，谁征服谁，都是不对的。

佛教的精神呢?中国佛教可以用禅宗来代表。人们都说，佛教教义中的核心理论是非暴力论，和平是佛教实践的主体。佛教继承了婆罗门教和耆那教的非暴力和不杀生思想，把这一思想变成自己的基本戒律。佛教认为人的行为是由欲望引起的，人的欲望是无止境的，欲望膨胀的结果，就有了贪的行为，掠夺和战争正是贪的表现。所以佛教提倡灭欲，不杀害生灵，众生平等，不允许种姓压迫的存在，这样，社会、国家和人民之间的和平共处才有保障。这些平等慈悲的思想成为佛教和平思想的基石。重视人的生命，正视人的存在，重视人的价值，正确处理人与人之间、个人与家庭之间、个人与国家之间的关系，形成一种和睦和谐的关系。美国总统罗斯福问太虚大师如何实现和平，太虚大师回答"慈悲无我"。"我"是纷争的根源，和平必需实现"无我"，"无我"才能无私，无私才能大公，大公才能实现和平。

佛教教义可以归纳成三句话，我们称之为"三相"或者"三法印"：诸行无常，诸法无我，一切皆苦。释迦牟尼首转法轮，这三个法印几乎都包括在里面了。其中的"诸法无我"，是佛教重要教义，是佛教与婆罗门教斗争的重要武器。"无我"，意思是所谓"我"（Atman）是并不存在的，它是由初转法轮中讲到的五盛蕴（色、受、想、行、识）组成的，是因缘和合的产物，没有实体。这是释迦牟尼在菩提树下悟到的真理。佛教僧侣以及居士，如果想悟到什么东西，他们首先必须悟到"无我"。事实上中国人确已悟到"无我"了，比如徐增《唐诗解读》卷五说：

> 行到水穷处，去不得处。我亦便止，倘有云起，
> 我便坐而看云起，坐久当远。偶值林叟。便与谈论
> 山间水边之事。相与留连，则不能以定还期矣。于
> 佛法看来，总是无我，行无所事。行到是大死，坐
> 起是得活，偶然是任运，此真好道人行履，谓之好
> 道不虚也。

这是徐增对王维《终南别业》那一首著名的诗的解释。我认为
是抓住要领的。总之，我认为，要讲"悟"到什么，首先要悟
到"无我"。

佛禅的"身、口、意"（"身"，行动；"口"，语言；
"意"，思想）三方面是解决人的心身关系。佛教分析恶业，
从身、口、意出发，列出十恶业。身有三恶业：杀生、偷盗、
邪淫。口有四恶业：妄言、绮语、两舌、恶口。妄言，是虚妄
不实的骗话。绮语，是巧言令色的漂亮话，无益无义的污秽
话，巴结奉迎的谄媚话。两舌，是"两边嘴"。恶口，就是破
口骂人，恶意咒人。意有三恶业，心对于外境起贪、起嗔、起
痴。佛教戒条中这身、口、意三恶业，意业最重要。内心意欲
思想不正，会形之于外从口业和身业表现出来，成为犯罪的
行为，所以佛教先注重治心，治心是治本，治口、治身是治
标。佛教的戒律，就是在三业中要先治意业。

我于美学，即使不是一个完全的门外汉，反正至少也是
一个"槛外人"。读周来祥教授《美学文选》之后，我有些感

想。周先生的文章我读过一些，但不算太多，对周先生博大精深的著作，只能望洋兴叹。美学属于广义的哲学范畴。哲学，同自然科学不同，不能重复实验。一个哲学家，只要能做到自圆其说，持之有故，言之成理，就是好的哲学家。倘能别出新意，独辟蹊径，就是一个更好的哲学家了。我想，美学恐亦如此，美学坛坫，未雷登上，下风遂听，据说有不同的派别。周来祥教授独树和谐美学的大旗，既能自圆其说，又是独辟蹊径，不落窠臼，巍然挺立于美学之林，为中国美学界增光添彩。只是这一点就值得我们真诚地赞赏。

中国美学讲和谐有悠久的历史，《尚书·尧典》有"八音克谐，无相夺伦，神人以和"之说。《论语·学而》有"礼之用，和为贵。先王之道，斯为美"。董仲舒有"举天地之道而美于和"（《春秋繁露·循天之道》）。《乐记》有"地气上齐，天气下降，阴阳相摩，天地相荡，鼓之以雷霆，奋之以风雨，动之以四时，暖之以日月，而百化兴焉。如此，则乐者天地之和也"。《中庸》把和谐提到哲学的高度："中也者，天下之大本也；和也者，天下之达道也。致中和，天地位焉，万物育焉。"宋玉在《登徒子好色赋》中运用这种和谐原则，描写倾国倾城的美人："增之一分则太长，减之一分则太短，著粉则太白，施朱则太赤。眉如翠羽，肌如白雪，腰如束素，齿如含贝。"

我在《我的美人观》中提出，我想在太岁头上动一下土，探讨一下"美人"这个"美"字的含义。我没有研究过美学，只记得在很多年以前，中国美学论坛上忽然爆发了一场论战。我以一个外行人的身份，从窗外向论坛上瞥了一眼，只见专家们意气风发，舌剑唇枪争得极为激烈。有的学者主张美是主观的，有的学者主张美是客观的，有的学者主张美是主客观相结合的。像美这样扑朔迷离、玄之又玄的现象或者问题，一向难以得到大家一致同意的结论或者解释的。美人之所以被称为美人，必然有其异于非美人者。但是，她们也只具有五官四肢，造物主并没有给她们多添上一官一肢，也没有挪动官肢的位置，只在原有的排列上卖弄了一点手法，使这个排列显得更匀称，更和谐，更能赏心悦目。

美学这个词儿是舶来品，美学这个词英文是 Aesthetics，是从希腊文来的，是讲感官，与外界接触得到的美感。感官有眼、耳、鼻、舌、身等五官。西方美学在五官里边只讲两官：一官指眼睛，看雕塑，看绘画，讲美学是用眼睛看的。另一官指耳朵，听的是音乐。五官只讲两官，光讲眼睛和耳朵，光讲美术和音乐。中国人的美，跟西方人不一样。有的当然一样，如这个姑娘很漂亮，中国人眼中看着漂亮，西方人眼中看着也漂亮，有共同的地方。但也有很大的区别，是"美"这个字，一查《说文》在羊部，"羊大为美"。羊长大了，肉很好吃，是讲舌头的。我们不是说美味佳肴吗？美跟味联在一起，是讲舌头的。西方美学不讲舌头，是讲别的。中国人讲美学，要讲中国人的美。中国的美首先不是从眼睛出发，不从耳朵出发，而是从舌头出发。善，善良的善，也是羊部；仁、义、礼、智、信的义，繁体字也是羊部，都是羊。美和善是统一的，这突出表现在儒家美学思想中。孔子主张"里仁为美"，强调人与"仁"相融，能体现出美。所以他提出"尽善尽美"的美学标准，把艺术标准与道德标准统一起来。荀子主张"故乐行而志清，礼修而行成，耳目聪明，血气和平，移风易俗，天下皆宁，美善相乐"（《荀子·乐论》）。我们中国人喜欢吃，这个事情也很简单。我的想法是中国在游牧社会，羊大了，吃羊肉，就觉得美得不得了。从这开始，从味觉开始，然后是美人啊，就到了眼睛了。很美的音乐，就到了耳朵了。是不是这么个道理？中国美和西方美不一样。根据我们中国人的美，我们认为什么是美，我们认为是五官，不光是眼睛和耳朵，一官或两官。讲美学的话，应该讲眼、耳、鼻、舌、身，不能光讲眼睛和耳朵。其感觉之美，虽性质微有不同，其为美则一也。在中国当代汉语中，"美"字的涵盖面非常广阔。眼、耳、鼻、舌、身五官，几乎都可以使用"美"字。比如眼：这幅画美，人美，自然风光美。耳：乐声美。鼻：香味美。舌：味道美。只有身稍微困难一点，但是从人们口中常说"美滋滋的"，也可以表示"舒服"，这样使用到"身"上，也就没有困难了。要把眼、耳、鼻、舌、身所感受到的美都纳入美学框架，把心理和生理所感受的美冶于一炉，建构成一个新体系。

从国际关系方面来说，世界要和谐，国与国之间就要互相尊重，进行文化交流。我认为文化一旦产生，其交流就是必然的。文化交流是推动人类社会前进的重要动力之一，没有文化交流，就没有文化发展。交流是不可避免的，无论谁都挡不住。从古代到现在，在世界上还找不到一种文化是不受外来影响的。交流也有坏的，但坏的对人类没有益处，不能叫文化。对人类有好处的、有用的，物质、精神两方面的东西交流，才叫"文化交流"。一种文化既有其民族性，又有其时代性。一个民族自己创造文化，并不断发展，成为传统文化，这是文化的民族性。一个民族创造了文化，同时在发展过程中它又必然接受别的民族的文化，要进行文化交流，这就是文化的时代性。民族性与时代性有矛盾，但又统一，缺一不可。继承传统文化，就是保持文化的民族性；吸收外国文化，进行文化交流，就是保持文化的时代性。所以文化的民族性与时代性这个问题是会贯彻始终的。

中国自先秦时代起，就不断地与周围对内对外进行交流。对内是各民族之间进行交流，对外是与周边国家进行交流。世界上的文化体系，中国文化、印度文化、伊斯兰阿拉伯文化构成的东方文化，和希腊、罗马乃至欧美文化构成的西方文化之间不断地进行交流，形成了今天世界上灿烂辉煌、千姿百态、各具特长而又互相联系的文化，给全人类带来了极大的幸福和繁荣。文化交流是双向的，中国文化在汉唐时代如日中天，既吸收外来文化，又把自己的优秀文化毫无保留地送给东西方的其他国家，罗盘、火药、造纸、印刷传遍了整个世界。

对中国与外国的文化交流，我的基本观点是"拿来"与"送去"兼顾。就目前来说，要更重视"拿来"，就是把外国的好东西"拿来"。这里涉及上述有关文化的三个方面，都要拿。"物"的部分，当然要拿，咖啡、沙发、啤酒、牛仔裤、喇叭裤，这一系列东西，只要是好的，都拿。心、物结合的部分，比方说制度，也可以学习。最重要的还是心的部分，要拿价值观念、民族性格。因为我们的价值观念、思想方式，不能马马虎虎，得把弱点克服，要不克服的话，我们的生产力就发展不了。

2007 年 9 月 1 日